お店やろうよ！シリーズ⑳

はじめての
カレー屋さん
オープンBOOK

技術評論社

笑顔がスパイス！
カレー屋さんを開こう

カレー屋さんのスタイルは自由！

「カレー屋さんになりたい」そう決心したとき、あなたの頭の中には、どんな光景が浮かんだでしょうか。気軽な町のカレースタンド、コーヒーも飲めるカフェ風のお店、古民家の座敷を使った和風カレーが食べられるお店……カレー店に、決まったカタチはありません。提供されるカレーも定番の欧風カレーからスープカレー、近年人気が出ている南インドカレーとさまざま。自由な発想でお店づくりができるのも、カレー店の醍醐味なのです。

街に出て、いろいろなカレー屋さんに足を運んでみてください。これまでも食べ歩きはしていたかもしれませんが、お店を開こうと決意してから気づくことは多いはず。スパイス使いにだけ集中するのではなく、お店全体の雰囲気を感じ、細部を観察するのです。

　すると、お店づくりもスパイスの配合のように、さまざまな要素を含んでいることがわかってきます。それは、さりげなく置かれた荷物入れのかごであったり、ピカピカに磨かれたテーブルであったり、独特な味わいの調度だったりするでしょう。いいお店は、それら「お店のスパイス」が、絶妙なバランスでブレンドされているのです。

　カレーのスパイスに欠かせないものがあるように、カレー屋さんにも欠かせないものがあります。それは「おいしいカレー」と「スタッフの笑顔」。これからがお店のスパイス研究の本番です。この2つを軸にあなたのオリジナルブレンドをつくり出してください。

カレーは日本の国民食!

インド生まれの料理、カレーは、明治以来100年以上の時を経て、
いまや日本の国民食といわれるほどポピュラーな存在。
専門店としての可能性を、データから探ってみましょう。

＊図版データ:マイボイスコム(株)調べ　＊1(財)外食産業総合調査研究センター調べ

自宅で食べる好きな夕食メニューは?

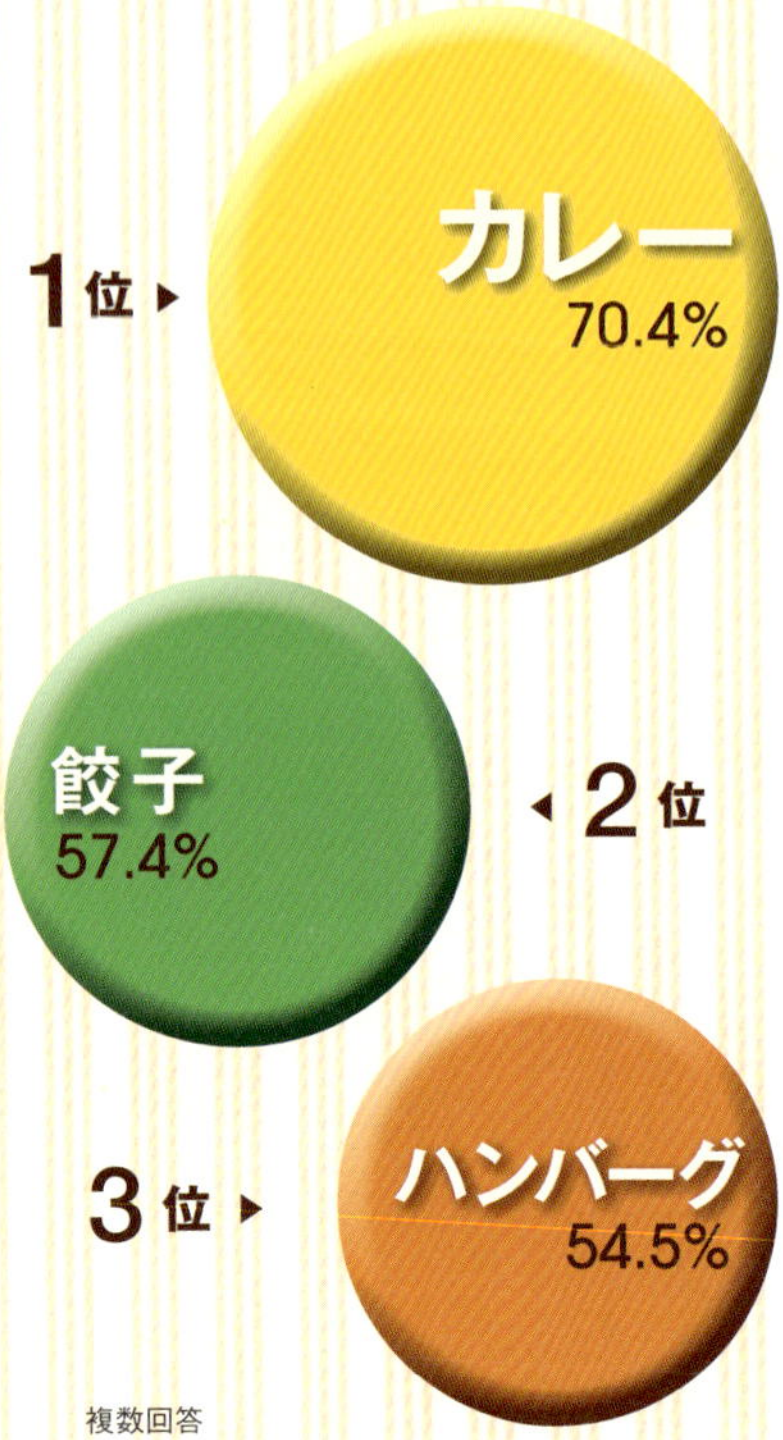

複数回答

成功のカギは「うちのカレー」を超える味と品ぞろえ

日本の家庭になくてはならない存在のカレー。いまや国民食といわれていますが、同じく国民食とよばれるラーメン店とくらべると、専門店の数は少ないといえます。一番の理由は、カレーを自宅でつくる人が多いから。自宅で食べる夕食メニューとして人気ナンバーワンであり、なんと8割以上の人が、少なくとも月に1度は自宅でカレーを食べているのです。

これは食品会社の努力が報われた結果ともいえます。市販のルウを使えば、万人受けするおいしいカレーを簡単につくることができてしまうのです。これからカレー店の開業を考えている人にチャンスは少ないように思えますが、悲観することはありません。月1回以上カレーを外食する人も5割を超えており、週1回以上カレーを食べるのは、自宅よりも外食する人のほうが多いのです。さらに、利用率はチ

自宅でカレーを食べる頻度

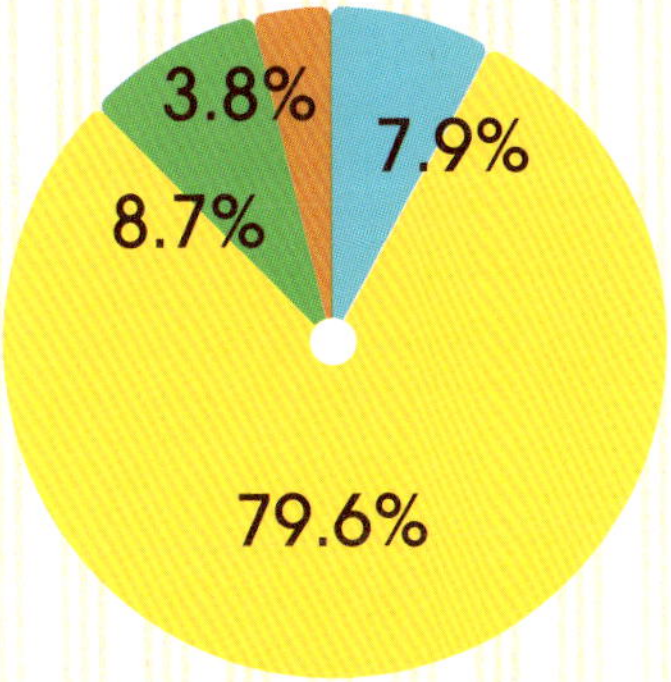

カレーを外食する頻度

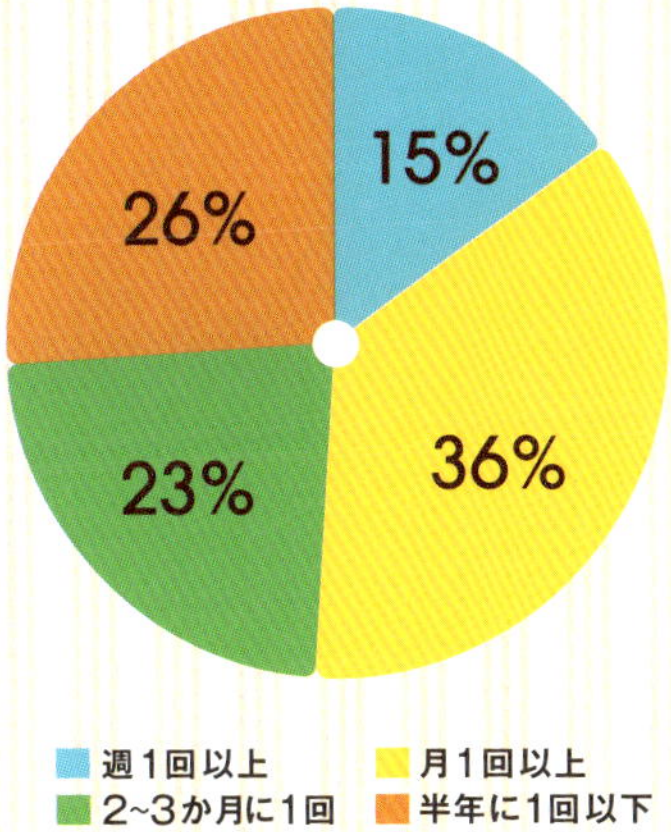

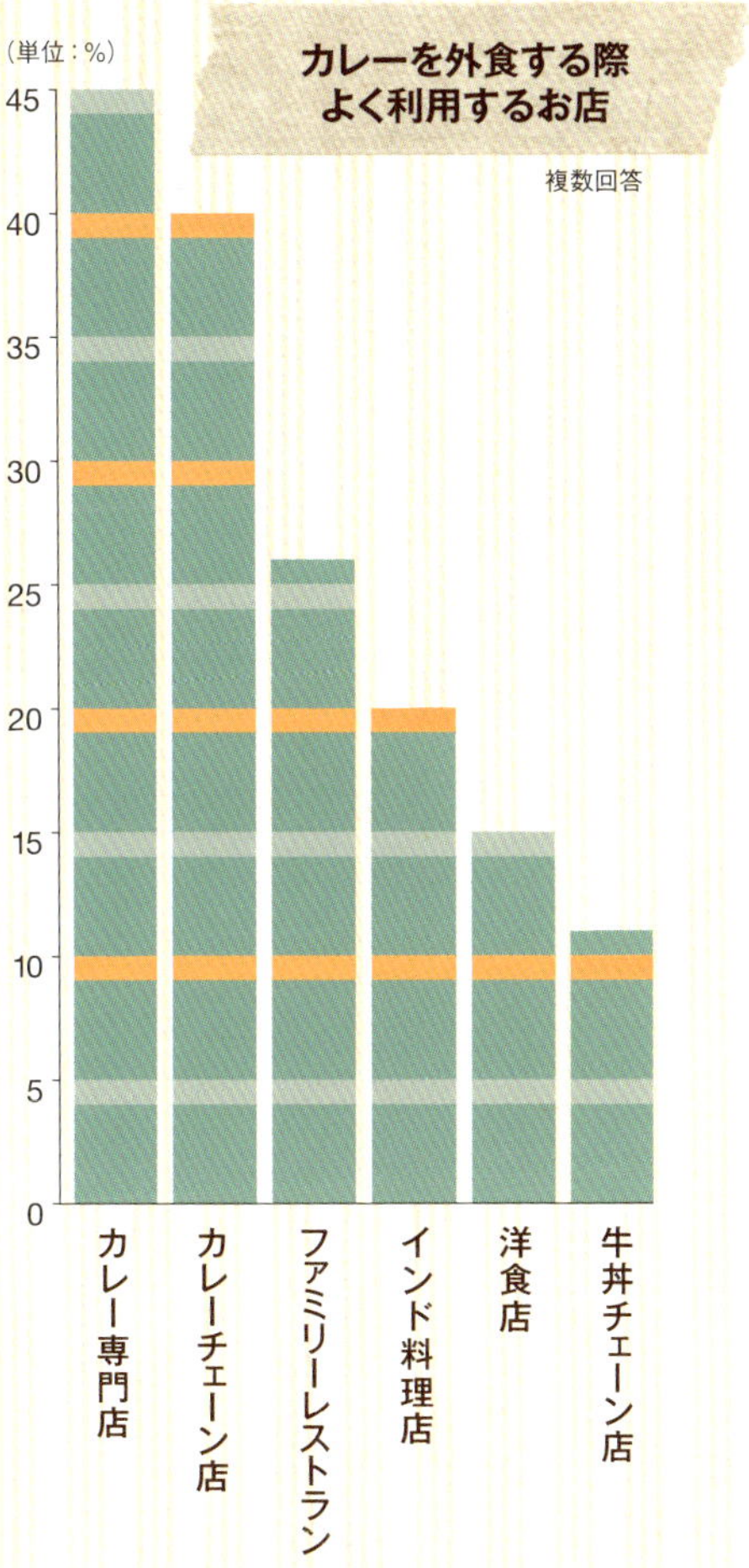

ェーン店を抜いてカレー専門店が一番多いという結果が出ています。自宅では真似のできないおいしいカレーを提供できれば、充分に勝算はあるのです。

普段使いしてもらえるお店を目指そう

また、不景気の影響を受け外食産業全体では売上高が低下していますが、一方で「食の外部化率」が上昇しているという調査結果もあります。食の外部化率とは、外食と中食（宅配やテイクアウトなど調理済食品を自宅で食べること）に対する支出が食費全体に占める割合のことで、１９９０年以降は40％超と高い数値を示しています[*1]。

単身や共働きの世帯が増加していることからも、今後はこの傾向が続くと予想されます。

これから開業するなら、おいしくて、気軽に毎日でも通いたくなる、あるいはテイクアウトしてもらえるような、普段使いのできるカレー屋さんを目指すのがよいのではないでしょうか。

contents

第1章 カレーは奥深い!

第2章 人気カレー店の秘密が知りたい!

第3章 カレー屋さんをつくろう!

第4章 お金の計算と各種届出

第5章 店舗づくりのノウハウ

第6章 オープン前後! 最後の仕上げ

≪カレー店開業の豆知識

≪column

カレー屋さん

オープンまでのスケジュール

お店をオープンさせるまでには、最短でも約１年は必要。
まずは、予定日を設定して、１年間のスケジュールを立ててみよう。
目標を立てることで、「今、何をすればいいのか」が明確になるはずだ。

1〜3か月目

人気のカレー店をめぐってみよう

いま人気があるのはどんなカレー店なのか、実際に自分の目で見て確かめよう。味だけでなく、店舗のつくりやサービスもチェック。また、この時期に自分でスパイスや具材の組み合わせを研究しよう。

やっておきたいこと

- メニュー、接客、雰囲気など、人気の理由を分析。客層なども確認する。
- テレビや雑誌などで、最新トレンドを把握しておく。
- カレー店だけでなく、その他の飲食店もチェックする。

4〜5か月目

立地を選定し、コンセプトを固める

希望のエリアを自分の足で歩いて確認し、立地の選定や物件探しをはじめよう。どんな客層が多いかを想定し、それに合わせたコンセプトを明確にすることが大切。そこから理想的なお店とは何かを考えていこう。

やっておきたいこと

- 物件相場、状態、競合店の有無、通行量を調査。
- お店に必要な設備や条件を割り出す。
- コンセプトに合わせた立地を選ぶ。

6〜8か月目

オープンに向けて準備開始!

店舗物件が決まったら、設計と施工の業者を決めて発注しよう。その際、自分の意見も積極的に言って、思いどおりのお店をつくりたい。設計については飲食店設計経験者に依頼するとスムーズに進められる。

やっておきたいこと

- 一度で思いどおりの図面が上がることはないので、何度も設計担当者と打ち合わせをする。
- 複数の施工業者に図面を見せ、工事費用の相場をつかむ。
- 工事中にも現場に顔を出し、施工業者とコミュニケーションをとる。

9か月目

お金の準備をしっかりと!

できるだけ自己資金だけでまかないたいが、融資を受ける場合はしっかりとした創業計画書を用意しよう。初期投資はできるだけ低く抑え、運転資金を多めに残すなど、余裕をもった資金計画をしよう。

やっておきたいこと

- 開業資金、開業後に必要な資金を計算し、具体的な売上目標を立てる。
- 家族、知人、金融機関など、借入先を確認しておく。
- お金の借り方を調べ、創業計画書を作成する。
- 保健所や税務署への届け出の準備をする。

10か月目

什器や機器、取引先を選定しよう

気になったものがあれば直接現地へ足を運ぶことも大切。卸業者から仕入れる場合は必ずサンプルを確認しよう。食器やその他の備品も直接自分で見て、使いやすさなどを確認しよう。

やっておきたいこと

- 食材は必ず自分で確かめる。直接現地に行くことも大事。
- 食器や備品は、使いやすさやデザインはもちろん、予算も考慮して選ぶ。
- 近所の八百屋や精肉店などに直接交渉する。

11〜12か月目

さあ、オープン直前!

店名の決定、ロゴや看板の制作、調理手順・接客サービスの具体的なルールづくりをしていこう。オープン前には本番同様のリハーサルを行い、問題がないかチェック。もしあれば事前に解決しておこう。

やっておきたいこと

- お店の再点検をしオープンの告知ではPRを考える。
- 仕入れや在庫の状況、調理手順、接客ルールの確認。設備などの動作確認。
- 本番同様のリハーサルを行い、問題点をチェック。

第1章

カレーは奥深い!

ときには数十種類ものスパイスが加えられ、独特の風味をかもし出すカレー。
その味わいは、知れば知るほど奥深いものだと実感させられる。
自分だけのおいしさをつくり出すために、カレーについておさらいしておこう。

世界のカレーを知ろう!

欧風からスープカレーまで、料理としての幅が広いカレー。現在カレー店で提供されているものは大まかに4つのジャンルに分類できる。それぞれの特徴について知っておこう。

欧風カレー

とろみのあるルウカレーはコクと深みが命!

欧風カレーは、小麦粉を炒めたルウを使ったとろみが最大の特徴。ヨーロッパにカレーが広まるうちに、伝統的なシチューの調理法が取り入れられたのだと考えられている。

写真は「momo curry」(26ページ)の野菜チキンカレーにたまごとチーズをトッピングしたもの。素揚げした野菜のカラフルな色が目に鮮やかなカレーのベースは欧風。たまねぎをあめ色になるまで時間をかけて炒め、ブイヨンと30種類以上のスパイスとともにじっくりと煮込んである。

欧風カレーは、ブイヨンのとり方や煮込む際に加えるフルーツやチョコレートといった隠し味で深みやコクを追求できる、研究しがいのある料理だ。

英国経由で日本に広まった欧風カレーが家庭の定番

多くの人にとって、カレーの初体験は自宅で食べた欧風のルウカレーではないでしょうか。これは日本にカレーが伝わったのが英国からだったことに起因しています。大航海時代にインドからヨーロッパにもたらされたカレーは、一般に広まるにつれ小麦粉を使うルウカレーとして独自の進化を遂げた。明治期に日本に紹介されたのは、欧風のルウカレーだったのです。

その後、日本でのカレー人気は紹介元であるヨーロッパを超え、さらなる進化を続けています。実際、カレー店のオーナーでも大人になってから食べた欧風以外のカレーに驚いて開業を決意した人は多いのです。

未発掘の世界の「カレー」からオリジナルのヒントを見つける

インドにカレーという名前の料理はなく、その語源についても諸説ありま

アジアカレー

タイカレーを代表とする地域特有のスパイス使い

インドとは地続きの東南アジア諸国にも、スパイスを多用したカレーの文化は伝わった。ただし、スパイスや調味料は各地域でとれるものに置きかわっているため、見た目は似ていても全く異なる風味のカレーが誕生した。

写真は「momo curry」で提供されるグリーンカレー。アジアカレーの代名詞ともいえるグリーンカレーはおもに小型で辛みの強烈な唐辛子と、コブミカンの葉をほかのスパイスとすり潰したペーストを使用し、ココナッツミルクやナムプラーで味付けする。爽やかな柑橘系とココナッツミルクの甘い香りが同時に楽しめる、辛いカレーだ。現在ではタイでも市販のペーストを使う人が多いというが、できればペーストづくりからはじめたい。

すが、概ね「汁」「おいしい」「香り高いもの」など、何か別のものを指す現地語を、ヨーロッパ人が誤訳したものだといわれています。その後、スパイスを多用したソース状（あるいはスープ状）の料理のことをカレーと呼ぶようになりましたが、タイのグリーンカレーをはじめ、そのほとんどは現地ではカレーとは呼ばれていません。

世界には、まだカレーとは呼ばれていないカレー料理がたくさんあります。たとえば南米のペルーの名物料理である、鶏肉を使った「アヒ・デ・ガジーナ」もそのひとつ。見た目は黄色いカレーでターメリックやチリペッパー、クミンなどが使われています。パンを牛乳に浸したものでとろみをつけたチーズ入りのソースは日本人にとっては新鮮な味わい。モロッコ料理であるクスクスのソースも、カレーと呼べるかもしれません。

このように視点を変え、さまざまな国の料理を知ることも、自身のカレーの世界を広げるひとつの方法です。

オリジナルカレー

近年は和素材も注目度大!
カレーの可能性は無限

インド由来のスパイス使いを継承しながらも、工夫の積み重ねによってもはやジャンル分けが難しくなったカレーが一般にオリジナルカレーと呼ばれており、たとえば北海道発のスープカレーもこのジャンルに分類できる。調理法や素材に特に決まりはなく、おいしくさえあればお客さまに受け入れられるところに、カレーという料理の懐の深さを感じさせられるだろう。

最近ではカレーチェーン店のトッピングに納豆がめずらしくなくなってきているというように、和素材の注目度が高くなっている。写真の2皿もそうした和素材をカレーに昇華させた例だ。

上は「Camp」（36ページ）の冬限定メニューでその名も豚汁カレー。具材はサツマイモをはじめ豆腐や大根、コンニャクまで入る。味噌も入っており、「豚汁味のカレー」か「カレー味の豚汁」なのか迷うところだが、おいしさには定評があり、リピート率も高いという。

早くから和素材に注目し、インド料理との融合を研究していたのが「たんどーる」（46ページ）のオーナー。写真下、「梅カレー」は、インド料理で使用される甘酸っぱいタマリンドを梅干しに置き換え、酸みと旨みを出すことに成功している。

ジャンルに精通した先にオリジナルの可能性が

広い視野をもって、さまざまなカレーを研究することは、オリジナルな味をつくるうえでとても有用。ただし同時に、自分のなかで核となる部分を決め、そのジャンルを深めることも忘れずにいたい。

「たんどーる」の和素材を使用したカレーがお客さまの支持を得たのは、オーナーの塚本さんが北インド料理の名店で経験を積み、インド人にタンドールの名手といわれるまでに磨いた腕があってこそなのだ。

こってり派の北と、あっさり派の南に大別

広い国土を有するインドでは、北部と南部の料理は大きく異なっている。大きな特徴は、北インドではギーというバターの一種やヨーグルトを多用するため比較的こってりした味に、対する南インドは油をあまり使わないさっぱりした味ということ。北インドにはさらに、カシューナッツや生クリームも加え、クリーミーでコクのある味を出すカレーもある。乾燥した小麦の生産に向いた地域ということもあり、ナンが主食というのも特徴のひとつだ。

最近まで南インドのカレーは、日本では一般に知られていなかった。これは国内のインド料理店のほとんどが北インド料理を提供しているから。米を主食とする南インドのカレーはごはんに合う味で、近年、そのおいしさに魅力を感じたオーナーたちが次々と南インドカレー専門店をオープンさせ、注目を集めている。

写真はそのようなオーナーの1人が経営する「MILLAN」（66ページ）の3種盛り。

おさえておきたい スパイスのキホン

カレーはスパイスからつくられるが、どのスパイスをとっても単品で「これがカレーの香り」と呼べるものはない。数多くあるスパイスの香りと特徴を熟知することがカレー職人への第一ステップだ。

レシピを参考にしながら まずは個々の特長をつかもう

さまざまな香りをもつ植物の実や茎、根などを調理に用いるスパイス。エスニックな雰囲気の言葉ですが、唐辛子やゴマ、ニンニク、ショウガなど、おなじみの素材もスパイスに含まれます。これらすべてを加えた複雑な香りをもつカレーを食べたときに、それぞれの香りを感じられるよう、スパイスのことを熟知していれば何がどの程度入っているのかが自然にわかるようになります。

ほとんどのスパイスは基本的に、使う直前に煎って香りを出し、その後にすりつぶして使用します。ホールのまま、あるいは生のまま加えると、風味がまた変わります。これも、たとえばニンニクを炒めるのと、炒めずに煮汁を加えたときで香りが異なることと同じだと考えれば理解しやすいでしょう。

とはいえ、すでにブレンドされたカレー粉ではなく、個々のスパイスには一般になじみがないもの。まずはスパイス料理のレシピを入手してそのとおりにつくってみましょう。そこを出発点に、自分なりに気に入ったスパイスを足してみたり、あるいは別の何かを引き立たせるために削ってみたりと工夫を重ねることで、オリジナルの配合を見つけることができるでしょう。

次ページから、カレーに使用されるおもなスパイスを紹介します。少なくともこの13種は使いこなせるようになってください。

ターメリック
turmeric

和名はウコン。ショウガ科の多年草でインド〜東南アジア原産。ショウガと同じく地下茎を使用するが、こちらは湯煎して天日干しした後、粉末にしたものを使用する。カレーの黄色はターメリックの色素で、香りが弱いためおもに色づけに利用される。米と一緒に炊いたターメリックライスも、カレーによく合う。

クミン
cumin

セリ科の一年草でトルキスタン原産。この種を乾燥させたものが用いられる。独特の、スパイスのなかでもっとも「カレーらしい」香りがする。インド料理店では、口臭消しとして粒のまま、あるいは糖衣したものが提供されることも。噛んでみるとピリっとした辛みもあることがわかる。パウダー状のものも市販されているが、ホールのものを煎ったほうが香りが立つ。

フェヌグリーク
fenugreek

マメ科の一年草で西アジア原産。コロハとも呼ばれる。乾燥した種子は、そのままでは渋みと苦味が強いため、必ず軽く焙煎してから使用する。あるいは苦みは若干残るが、一晩水にさらし、豆として調理することも可能。香りはセロリに似た強いもので、一般的なカレーの香りの特徴を形づくっているスパイスのひとつ。

カルダモン
cardamon

多年性の潅木でインド原産。「スパイスの女王」としても名高い。通常は写真のように実が販売されているが、香りがするのは中の種子。種子を取り出しすりつぶして使うのが一般的。樟脳に似たさわやかな香りは、マサラチャイやカルダモンコーヒーなど、嗜好飲料にも好んで使用される。グリーンカルダモンが最も一般的に使用される。

スターアニス
star anise

モクレン科の常緑樹木で中国原産。熟す前の果実を乾燥させたものを使用する。別名八角で、中華料理にも頻繁に利用される。一年草であるアニスとに香りが似ていることからこの名前がついたが、種としての関連はない。

カイエンペッパー
cayenne pepper

ナス科の多年草で、南アメリカ原産。別名唐辛子。品種名の場合や、辛みの強い品種を混合した粉末とするものなど、定義は一定していない。国内で流通している業務用のものは、いわゆる鷹の爪を粉末状にしたもの。

ブラックペッパー
black pepper

コショウ科の多年草で、南インド原産。未熟な実を天日乾燥したもので、粒のままであれば香りのもちがいいのが特長。同じ実を熟してから収穫し、水に漬けて皮をむき乾かしたものがホワイトペッパーで、より上品な香りになる。

オールスパイス
allspice

フトモモ科の常緑樹木でジャマイカ原産。クローブとシナモン、ナツメグの香りを併せもつことからこの名前がついた。熟す前の緑の果実を摘み取って乾燥させたものを使用する。料理のほか、焼き菓子などにも使用される。

クローブ
clove

フトモモ科の常緑樹木でインドネシア原産。花のつぼみを乾燥させたものを使用する。独特の強い刺激臭があり、そのまま口に含むと刺すような辛さを感じる。抗菌効果のあるスパイス。

コリアンダー
coriander

セリ科の一年草で地中海地方原産。葉の部分は香菜（チャンツァイ）あるいはパクチーという名で料理に使用されている。スパイスとして使用される完熟実の香りは甘く変化している。煎ってから粉末にするのが一般的。

スパイスに魅せられたオーナーたち

この本で取材した人気店のオーナーたちは、皆スパイスに魅せられた人ばかり。たとえば「curry 草枕」(56ページ)のオーナーは、大学時代の寮で半年間、毎日カレーをスパイスからつくって同室の友人と食べ続けたという。「momo curry」(26ページ)のオーナーも学生時代からのカレーファン。現在も毎日ホールスパイスを使う分量だけ石臼を使い手で潰している。小ぎれいなお店の内装から、いわゆる「カフェめし」を想像していると、口に入れた途端に広がるアロマに嬉しい裏切りをされるお店だ。

手間をかければ必ずおいしくなるとは限らない。そう結論したのは「Camp」(36ページ)のオーナー。調理のプロセスを簡略化するため、オリジナルのカレーソースを特注しているが、仕上げにはホールスパイスをミルで挽き、フレッシュな香りを立たせている。

スパイスは、下味にも、調理中にも、そして仕上げにも使うことのできるもの。レシピはあっても完全な正解というものはない。特性を知り、最適な使い方を見つけたい。

豪快にスパイスと野菜を炒め合わせる際に広がるフレッシュな香りも魅力的だ。

シナモン
cinnamon

クスノキ科の常緑樹木で、スリランカ原産。樹皮をはいで乾かしたもの。写真の皮が薄く、細く巻いてあるシナモンと、異なる種で皮の厚いカシアがあり、カレーには粉末にしたものを用いるほか、ホールを炒めて香りを移すことも。

ナツメグ
nutmeg

ニクズク科の常緑樹木で、インドネシア・モルッカ諸島原産。種子の皮を取り、乾かしたもので固い。独特の甘い香りは飛びやすいため、通常はホールのものを使用時にすりおろして粉末にして使用する。

パプリカ
paprika

南アメリカ原産のチリペッパーがハンガリーで品種改良された品種で、辛みがなく肉厚なのが特長。スパイスとしては赤い実を乾燥させ、粉末にしたものを用いる。ほんのりとした香りがあるが、おもに色づけに使う。

センスが問われる付け合わせの妙

「カレーの付け合わせといえば福神漬とらっきょう」というのは今は昔。人気店では、それぞれに自分のカレーに合う付け合わせを選んで提供している。名脇役の存在は、主役のカレーを引き立ててくれるはず。

インド料理の箸休めの定番、ヨーグルトは「MILLAN」(66ページ)の実店舗で提供されている。

主役のカレーを引き立てる名脇役!

福神漬に加えて自家製の野菜と山くらげのピクルスも提供する「momo curry」(26ページ)。山くらげのコリコリとした食感が新鮮だ。

味・色・食感すべてが相性のいいものを見つけよう

欧風カレーの付け合わせとして、定番となっている福神漬とらっきょう。もともと日本にあった漬物ですが、コリコリとした食感と独特の香りがカレーに負けない個性をもっています。ただ、必ずしもこの個性が、自分のカレーに合うとは限りません。付け合わせもお店の個性を発揮できるひと品。どんなものが合うのか探ってみましょう。

インドでは特にカレーを食べるときの付け合わせの決まりはありません。和定食には香の物がよく付くように決まりではないのと同様です。よく食べられているのは「アチャール」と呼ばれるピクルスで、マンゴーやレモン、ゴーヤなど、さまざまな素材をスパイスと油で漬けたもの。だからといってインドカレーを提供しているからアチャールを付け合わせに、と考えるのは早計です。塩味とスパイスが強烈で辛く、インド料理になれていない人にと

トッピングも、基本的な考え方は付け合わせと同じで、つまりはカレーとの相性で決める。お店を開いてからもスパイスの研究を続ける「curry 草枕」（56ページ）のオーナーが選んだのは、スパイスの香りにコクを加える発酵バター（上）とチーズ（下）など全5種類。

Topping

笑顔がスパイス! カレー屋さんを開こう

（上）黄金色に輝くガリのピクルスは「たんどーる」（46ページ）の定番付け合わせ。スパイスの香りがするガリには新鮮な驚きがある。
（下）「rico curry」（72ページ）のカラフルな野菜の甘酢漬け。スパイスは使わないあっさりした味。

っては個性が強すぎる味だからです。そのほか、ヨーグルトやピックルという野菜の甘酢漬けもよく食べられます。酸味と甘みをあわせもち、口をリフレッシュさせるものが好まれます。

　付け合わせに季節感を取り入れるのもひとつの手です。たとえばヨーグルトの場合、フルーツソースを旬の果物で手づくりするだけで、お客さまに対する印象がワンランク上がるでしょう。

　一番大事なのは、自分のお店で出すカレーに合うかどうか。たとえばショウガをきかせたカレーの付け合わせにショウガの酢漬けを選んだとして、相乗効果がある場合とくどくなってしまう場合、２つの可能性が考えられます。その差は付け合わせと料理の相性。お客さまは味だけでなく、香りや色、食感まで含めて「合うかどうか」を判断するもの。その酢漬けに色味もきれいなピンクペッパーを加えたら、ぐっとよくなった、ということも考えられます。付け合わせは、センスの見せどころなのです。

雑穀ブレンド
blended rice

インディカ種古代米
wild indica rice

ごはんに合う、というのも
日本でのカレー人気の
理由のひとつ。
米の種類はもちろん、炊き方や
ブレンド方法によっても
ごはんの食感は大きく変わる。
カレーに一番合うごはんを探してみよう。

白米 *white rice*

日本人なら米にはこだわりたい！

玄米
brown rice

インディカ米
indica rice

ごはんのトレンド変化中！新しいおいしさを提案しよう

明治初期にはじめてカレーライスを食べたといわれる日本人男性が外国船内の食堂でその料理を選んだ理由は、それが唯一の「ライス」がついたメニューだったから。長い船旅の間に、どうしてもお米が恋しくなったのだとか。現在、日本でもパン食化が進んでいるといわれていますが、食事の中心はやはり米食。特に自宅で夕食をとる場合、約9割の人がパンではなくごはんを食べているといいます。米選びはカレー店にとって重要な課題なのです。

米の種類は大きく分けて2つあります。弾力と粘りけが特徴で丸みのある粒のジャポニカ種と、パラパラとした炊き上がりになる細長い粒のインディカ種です。インドではインディカ米を食すため、カレーもその米に合うようにつくられてきました。それに対して日本の米はジャポニカ米。特に粘りの強いものが「おいしいごはん」とされ

こだわりの「カレーに合う米」

長い粒のインディカ米は、まだ市場でのなじみが薄いが、パラっとしたごはんがカレーに合う、という意識は浸透してきている。2006年にはジャポニカ種とインディカ種を交配した「カレーに合う米」が製品化されて人気だ。
「curry 草枕」(56ページ)で使っているのはジャポニカ種「大地の星」で、特徴はやはり粘りが少なく固めに炊きあがること。リゾットやパエリア用としても注目されている新品種だ。

「本物」にこだわったサフランライス

サフランは、クロッカスに似た同名の花のめしべを乾燥させたスパイス。数あるスパイスのなかでも群を抜いて高価だ。このため、ほとんどの飲食店ではターメリックで黄色く色づけしたものをサフラン(色の)ライスとしている。
南インドカレーに衝撃を受けたオーナーが、そのおいしさを知ってもらいたいとオープンしたお店「MILLAN」(66ページ)では、本物にこだわってサフランライスを毎日炊く。色ムラが出るのは本物の証拠。食感は日本人好みのジャポニカ米に、本格的な香りを加えた“いいとこ取り”のライスだ。

もちきびがもっちり感をプラス

インドやアジアのカレーをアレンジしたオリジナルカレーに、もちきび入りのライスを合わせる「rico curry」(72ページ)。ほんのりと黄色く色づいたライスは日本人好みのもっちり感。試行錯誤の末にたどり着いた「あまり辛くない、素材の旨みを生かしたカレー」と、きびの素朴な香りの相性は抜群だ。ビタミンBと食物繊維が豊富に含まれるもちきびの使用は、現在の健康志向にもマッチしている。

てきたため、インディカ米には抵抗がある人も多いのです。とろみのある欧風カレーが根強い人気を誇っているのは「おいしいごはん」に合うからだともいえます。

しかし、1980年代後半からエスニック料理が一般に浸透しはじめたのに伴い、日本人のカレーに対する感覚も少しずつ変化しています。パラっとしたごはんにさらっとしたカレーも、おいしい組み合わせとして認知されてきているのです。

米そのものに対する意識も変化しています。健康志向から玄米や古代米、雑穀ブレンドなどが注目されるようになり、白米以外のごはんも飲食店メニューの定番になりつつあります。

黄色いサフランライスはもうおなじみですが、さらに香り米を使ってみたり、タイカレーにココナッツミルクで炊いたご飯を添えてみるなど、いろいろな食べ方を試してみてください。自分が一番おいしいと感じる新しい食べ方を、提案できるかもしれません。

第2章

人気カレー店の秘密が知りたい!

おいしいカレーをつくるには、まずはおいしいカレーを食べて「舌を磨く」ことが一番。同様に、自分のお店を開きたいと思ったら、繁盛店に足を運び、人気の秘密を探ってみましょう。たとえコンセプトが異なるお店でも、見習うべきことはあるはずです。

••● 繁盛店の工夫をチェック! ●••

世界のビールとともに
カレーを楽しむ

momo curry
(p.26)

お客さまにとって
何年経っても変わらない
"居場所"をつくりたい

多店舗展開を視野に
脱サラ開業

野菜を食べるカレー
Camp(p.36)

明確なコンセプトと
マーケティング力を武器に
多店舗展開を目指し脱サラ開業

和素材と
インド料理の融合

新・印度料理
たんどーる(p.46)

オリジナルを追求する
タンドールの名手が
目指すもの

好きを原動力に
独学レシピとDIYで開店

curry 草枕
(p.56)

カレー好きが高じて脱サラ
レシピは独学、内装はDIY
"手づくりの味"を武器に突っ走る!!

••● 店舗の新たなカタチ ●••

インド人が
"おふくろの味"と大絶賛

南インドカレー
MILLAN(p.66)

南インドカレーの魅力を知り
移動販売での起業を決断
開業から2年で店舗もオープン

ライフスタイルに
営業形態を合わせる

rico curry
(p.72)

自分の店と子育ての
両立を、ランチのみの
"間借り営業"で実現

お客さまにとって何年経っても変わらない“居場所”をつくりたい

小上がりは民族調の空間。
店内には手作りの家具や雑貨が溢れ、
白い壁はギャラリーとして……。
“カレーと酒が好き”という情熱だけが武器の女性店主、
大学卒業後わずか1年で「自分の店」をもった。

オーナーのこだわり

●カレーとお酒があること……大学時代からカレー好き＆お酒好き。酒類は世界のビールから焼酎、日本酒、各種カクテルなど何でも揃う。

●季節の野菜をふんだんに……配達を頼んでいる業者だけに頼らず、地元の八百屋さんをハシゴして仕入れた野菜もたっぷり使用。

シナモンスティックに月桂樹の葉などを使ったスパイスの調合も含め、レシピはすべて独学でつくりあげたという。

momo curry

東京都武蔵野市

欧風カレー、スープカレー、グリーンカレーなど多彩なベースでカレーメニューを提供するお店。カレーファンのみならず、カフェバーのような雰囲気を気に入る常連客も多い。

(上)狭い階段を上がると、オシャレな雑貨がずらりと飾ってある店の入り口前へ。扉は狭い空間でも開けやすいようにと引き戸に。
(下)店内奥にも、アートの匂いがする小物や雑貨、観葉植物などが並ぶ。

入り口を入って正面に見えるカウンター。夜には地元の若者を中心とした常連客が、お酒を傾けながらこのカウンターで佐藤さんと談笑する姿も。

25歳までに開業すると決心し大学卒業後すぐに動き出す

高校時代から「カレー部」に所属。大学では「カレー部」がなかったため、自らが発起人となって立ち上げた。「momo curry」の店主・佐藤桃子さんは、そんな〝根っから〟のカレー好きだ。そんな彼女が本格的に「カレー店をやりたい」と考えたのは、大学4年の夏のこと。

「アルバイトとして山小屋で働いて、お客さんに自分の作ったカレーを出したりしていました。それがやっぱり楽しくて。もともと考えてはいたのですが、〝やっぱりカレー店をやりたい〟と心に決めたんです」。

25歳までに絶対開業する、と心に決めて、卒業と同時にお金を貯めると決意し企業に就職。物件を探し、スタッフも探し始める。吉祥寺にある現在の店舗が見つかったのは、探し始めて間もなくだ。

「土地勘もあり、知人も多い地元だったし、駅のそばだし……。不動産屋さんにすぐに確保をお願いしたのですが、大家さんがなかなか首を縦に振ってくれなかったんです」

飲食業未経験の24歳の女性ということで、金銭面や若さが不安だったのだろう。

綿密な計画で大家を説得し開業に向けて全力疾走！

大家さんの不安を察した佐藤さんは、すぐに行動に出た。開業資金や内装、メニューのラインナップにコンセプトなどを詳細まで詰めた「経営計画」を作成し、それを片手に大家さんを必死で説得したのである。その甲斐あって、大家さんの了解を得ることができた。

予想以上に早く物件が決まったために、開業資金の調達が間に合わず、半分は両親からの借金になった。とはいえ、あとは開業に向けて本格的に走り出すだけだ。

内装は地元の知人に大工や木工職

ココナツミルクの香りが立つ「角煮グリーンカレー」(950円)。

「欧風カレー」「スープカレー」「グリーンカレー」の３つのベースをメニューに応じて使い分けている。(上)季節の野菜の素揚げがタップリ入った「野菜チキンカレー＋スペシャルトッピング(たまご&チーズ)」(1030＋130円)。たまねぎをあめ色になるまで炒め、煮込んだ欧風カレーがベース。(右)鶏ガラ、ポークと牛すじをベースにダシを取り、コラーゲンたっぷり「スープカレー」(900円)。

自家製の野菜ピクルスに加え、山くらげを使ったピクルスを提供。独特の歯ごたえが、いいアクセントに。

人気の自家製スイーツ「かぼちゃプリン」(480円)。そのほか「本日のデザート」として、パンナコッタやチーズケーキなどを日替わりで提供。

先人たちに助けられながら“独学”でレシピを開発

人、作家の卵がいたので、周囲の人を巻き込んで、3か月以上かけて手づくり。材料を自らトラックで買い込み、仕事の合間に集まってくれた知人、友人を指揮して、思い通りの店をつくりあげる。その一方、学生時代からのレシピだけでは物足りず、有名店を食べ歩いて味を研究。ときには「カレー店を開きたい」ことを繁盛店の店主に相談し、アドバイスをもらったこともあった。

いつ来ても新しく、いつまでも変わらない店へ

2005年4月、「momo curry」開店。「カレーとお酒が好き」な思いを込めて、カフェバー風の店内で、世界のビールとともにカレーを楽しむ店とした。カレーのレシピは大学時代から独学で積み重ねたものに、繁盛店の要素やお客さまのニーズを反映して日々更新している。

そしてもうひとつのコンセプトが「お客さまにとって何年経っても変わ

お店づくりのワザを学べ!!

◉その1

カレー屋さんの開店を志したきっかけは？

「学生時代からカレーとお酒が大好きで、将来は『カレー居酒屋』のようなものをやりたいと思っていた」という佐藤さん。高校時代から「カレー部」に所属し、大学には「カレー部」がなかったため、自ら立ち上げたという根っからのカレー好きだ。そんな彼女が本格的に「カレー屋さん」の開業を心に描き始めたのは、大学４年の夏、アルバイトで訪れた山小屋でのこと。「自分でつくったカレーをお客さんに出すという経験を得て、楽しかった。卒業したら25歳までに絶対開店する！と心に決め、お金を貯めたり、物件を探すなどの準備を始めました」

◉その2

オープン前に苦労したことは？

「今の物件はわりとすぐに見つかったのですが、自分が飲食業未経験で、しかも大学卒業したての若者だったので、大家さんの反応があまりよくなかった。不動産会社に紹介してもらい、詳細まで詰めた開業計画を手に直接説得に行きました」。物件が決まった後の内装工事は、同年代の木工職人や、知人の大工さんに手伝ってもらったりで、３か月以上かけて自分たちの手で行ったそう。「初期の頃のお客さんは、知人や地元の友人、知人の知人ばかり。しばらくは赤字が続いたのですが、オープンして３か月後くらいにようやく１日の売上が10万円を超えた日があり『やっていけるかも』と思いました」。

◉その3

カレーのレシピはどうやって開発？

現在「momo curry」のカレーのベースは「欧風カレー」「スープカレー」「グリーンカレー」の３種類。基本は学生時代からの独学だが、なかにはお客さまに教えてもらったものもあるそう。「開業前や休業日にも、有名なカレー店を食べ歩いて学んだりもしました。何度も通っていると、カレー店をやりたい子だって気づかれたみたいで、店主さんのほうから話しかけてくれたこともありましたね。下北沢の『茄子おやじ』のマスターとか、凄く優しく、いろいろ教えてくれました」

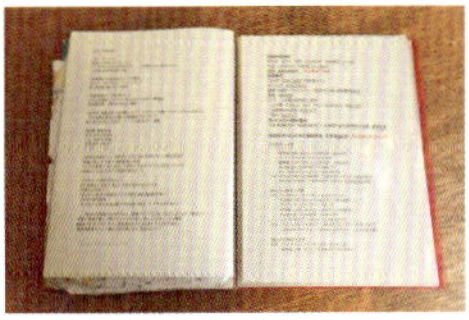

大家さんを説得する鍵となった計画書は、今でも大切に保管している。カレー居酒屋の可能性をアピールするなど、意欲が伝わる資料だ。

〈開業資金の内訳〉

物件取得費（保証金含）	6,000,000円
内装代	1,500,000円
運転資金	1,500,000円
その他雑費	1,000,000円
合計	10,000,000円

HISTORY ●●● オープンまでの歩み

1997年
高校入学。「カレー部」に所属し、文化祭などで腕を振るう。

2000年
大学進学。「カレー部」を立ち上げる。大学４年の夏、バイト先の山小屋でカレーをつくるなどの経験を経て、卒業後のカレー店開業を心に描く。

2004年
大学卒業。会社に就職して25歳までに自分の店をもつべく、本格的な準備開始。物件を探し始める。11月、独立開業に向けて退職。

2005年4月24日
東京・吉祥寺に「momo curry」オープン。

The Shop illustrated

Point
エスニック調の家具や内装、雑貨に加えて温かみのある間接照明などが、つい長居したくなる雰囲気を作り出している。

手作り感が溢れるエスニック調の店内

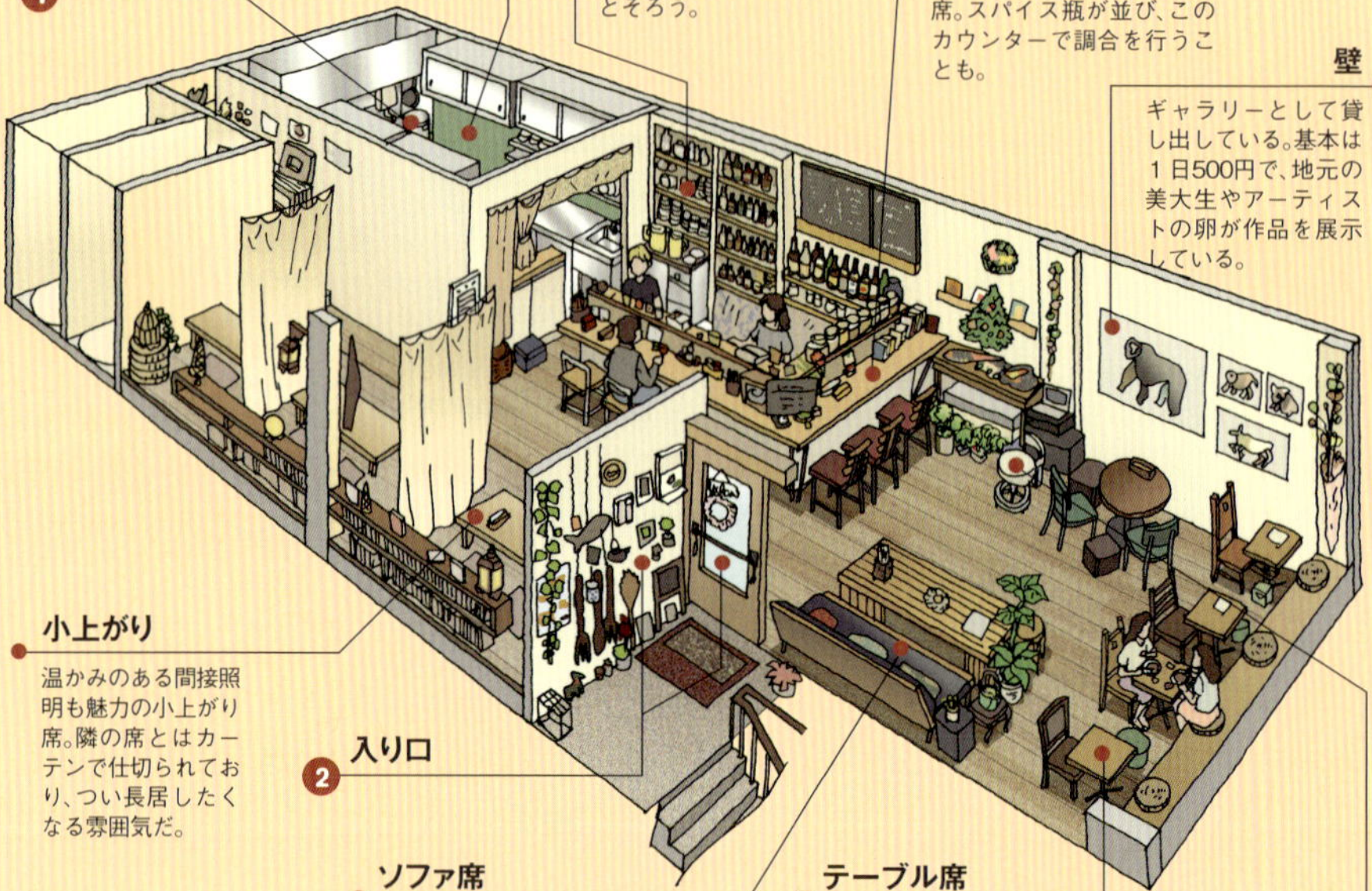

厨房
カウンター席の奥にある厨房。奥にコンロが3つ並び、それぞれ3種類のカレーのベースが保管してある。

酒棚
カウンターの中には店主の好みで、世界のビールから焼酎、日本酒、洋酒などがズラリとそろう。

カウンター席
夜、お酒を楽しみに来る常連客が中心に座るカウンター席。スパイス瓶が並び、このカウンターで調合を行うことも。

壁
ギャラリーとして貸し出している。基本は1日500円で、地元の美大生やアーティストの卵が作品を展示している。

1 コンロ

小上がり
温かみのある間接照明も魅力の小上がり席。隣の席とはカーテンで仕切られており、つい長居したくなる雰囲気だ。

2 入り口

ソファ席
休むときは、よくここで寝ているそう。ソファ席の前のテーブルは、店主の知人の木工職人による手づくり。

テーブル席
窓際に並んだ2人掛けのテーブル席。大きな窓から光が差し込み、ついウトウトしてしまいそう。

3 インテリア

らない〝思い出の場所〟になること。

「常連だった学生さんが就職して、結婚してから何年ぶりかに来てくれたり、リストラにあった会社員の方が、就職が決まったという報告にいらしたり。なかには常連さん同士で意気投合して、ご結婚されたカップルもいます」と佐藤さん。

開店直後は知人の口コミ頼りだった集客も、何か月か経つと徐々に安定してきた。冬場でお客さまがなかなか入らないときは、新メニューの開発やイベントなどを積極的に展開した。

「月に3回行っているライブイベントや、定期的に作品を入れ替える壁のギャラリーなど、いつ来ても新しい店であると同時に、何年経っても変わらない店でありたいと思っています」

「momo curry」は、吉祥寺の〝居心地のいいカレー&カフェバー〟であり続ける。

Owner's Choice

★

何年経っても変わらない“居場所”であり続けたい

吉祥寺にオープンして約６年。まだまだ「地元密着」とは言いがたいかもしれないが、佐藤さんの「常連のお客さまにとって、何年経っても変わらない“居場所”を作りたい」という思いは、お客さまに伝わってきているようだ。
「先日、学生のころに常連で来てくれていた人が、卒業して就職して、結婚したタイミングで手土産を持ってきてくれたんです。嬉しかったですね。ほかにも常連さん同士でご結婚されたり……」。吉祥寺という街で青春時代を過ごした人々の、心の奥に残る店でありたいという。「お客さまには、のんびり長居してほしい。なかには、何も追加注文せずに３時間くらい居続ける人もいますよ(笑)。“居心地のいい空間”と感じてくれているのなら、それも嬉しいことですけれどね」。

何年ぶりかに訪れても、何も変わらず待っていてくれる。それが、佐藤さんの“目指す店”だ。

1

厨房奥にコンロがあり、カレーのベースはココで制作。手前の作業台には、一人前ずつに分けられたカット済み野菜が並ぶ。

2

細い階段を上ると、オシャレな雑貨が飾ってある入り口が見えてくる。狭いスペースでも苦にならない引き戸だ。

3

店内にはいろいろなデザインのイスが並び、見ているだけで楽しげ。手づくりのものやユーズド家具、店長自ら選んだ市販のデザインイスなどさまざまだ。

まだある!!

「momo curry」の工夫 1

欧風カレーでもスープカレーでも、素揚げした野菜をトッピングしたメニューが人気の「momo curry」。ウリである野菜は、営業前や手の空いたタイミングでカットされ、１人前ずつに袋で分けた状態で保存されている。常に少人数(２～３人)で作業しているため、ピーク時のオペレーションを考えての最善の策だそう。

ピーク時に接客やサービスに影響が出ないよう、できる限りの準備で対応する。

「momo curry」に学ぶ
【居心地の良い空間の作り方】

開放感溢れる大きな窓のそばに、二人掛けのテーブル。観葉植物の陰はソファ席に、低い木製テーブル。座席間も広く、つい長居してしまう雰囲気がある。

夜には常連客が、酒を飲みながら店主の佐藤さんと語らうこともあるというカウンター席。あぐらのかける小上がり席には本棚や間接照明もあり、まるで自宅のような感覚で寛げる。

手作り感ある民族調の内装で ゆる〜い雰囲気を醸し出す

わずか23坪の店内だが、通りに面した開放的な窓もあり、狭苦しさは微塵も感じない。窓際は白を基調にしたやや洋風の内装で、奥のカウンター席側は木造りで民族調の、温かみのある空間に。夕方になるとやや薄暗い店内は間接照明に照らされ、ついつい長居したくなる、ゆる〜い雰囲気に変わっていく……。

「うちはカレーとお酒の店なので、長居はOK。むしろ長く居やすい雰囲気をつくっています」と佐藤さん。通常のカレー店が客単価を安く設定して回転率を上げることで利益を得る形とは逆の発想だ。木をベースにしたユーズド家具のほか、店内の家具や雑貨は知人による手づくり作品も。カフェっぽい造りが、さらに居心地の良い空間を演出している。

同年代のクリエイターたちの"手づくり"家具&雑貨も

(上)小上がりの壁にある棚は手づくり。小さな人形やオブジェなどを飾っている。
(右)店内の壁は、ギャラリーとして貸し出している。知人のアーティストをはじめ、地元の美大生が借りることもあるとか。

ソファ席前のテーブルは、知人である木工職人の力作。テーブルの高さは低く、ソファ席ともあいまって、食事用というよりはゆったり寛ぐための空間になっている。

小上がりの奥にある本棚には、雑貨のカタログや各国の絵本、文庫本などが並ぶ。本棚の上の間接照明が、ゆったりとした雰囲気を醸す。

小さな植木鉢にはかわいらしい観葉植物が。ぽっかりと日の光が当たり、のどかな午後の風景を演出している。

まだある!!
「momo curry」の工夫 ❷

長居するお客さまが多いほど、利用される頻度が高い場所。それが「トイレ」。店内奥にあるトイレは店の規模に比べても広々とした印象で、大きな鏡も広さの演出にひと役買っている。棚の上にはオブジェ的にチラシが散りばめてある。基本は無機質なタイル張りだが、目につくところに布での装飾が施されているなど、店のイメージの気配りがなされている。

自分の目と耳と舌でつくりあげた「momo curry」のオリジナルレシピ

シナモン、月桂樹の葉、カレーリーフ、カルダモンなど。その日のレシピに合わせて小さな石臼と杵で潰し、オリジナルのスパイスブレンドをつくりあげる。

感覚で勝負!! スパイのオリジナルブレンド

厨房の入り口から右側にある作業台で、野菜をカットしているところ。狭い厨房の中では、２人が並んで作業するのが精一杯だ。

「野菜カレー」（欧風）を作る際、野菜を炒めているところ。その後素揚げしてカレーソースとともに盛り付ける。

“正しい独学”でつくりあげたレシピは、日々進化中

大学卒業後、1年で「momo curry」を開店。専門店での修業などは、ほとんどしていない。「高校、大学とカレー部で活動してきたので、カレーをつくる機会はありました。当時、独自につくっていたものに、お客さまからの要望を入れてつくりあげたのが、今のレシピです。あとは繁盛店のカレーを食べ歩いて、その店主の方にいろいろ、教えていただいたりもしました」。

名店で働いていても、モチベーションがなければ何も身に付かない。反対に、やる気さえあれば学ぶ方法はいくらでもある。

「グリーンカレーなんて、お店を始めるまではつくったこともありませんでした。今でも新メニューの開発は続けています」。

独学にゴールなし。だからこそ面白いのだ。

まだある!!
「momo curry」の工夫❷

さまざまな若者たちの“思い出の居場所”であることを目指した「momo curry」。それにはカレーだけでなく、やはりお酒を飲めることも大切だろう。「私がカレーとお酒が好きだっただけなんですけれどね」と佐藤さんは笑う。

「カレーに合うお酒」に限定しているわけではなく、カウンター席ではカクテルも各種楽しめる。ニュージーランド、メキシコ、中国、インドネシア、ベルギー、ジャマイカなど、世界中のビールが飲めるのも魅力だ。

「カレーがあまり好きではない人も、楽しめるはず。決して大きな店ではないけれど、カレーを通してたくさんの人が出会い、お気に入りの味を発見してくれることを目指しています」

3種のベースを使い分け!

欧風カレー
定番「欧風カレー」のベース。たまねぎをあめ色になるまで炒め、ブイヨン、30種類以上のスパイスとともにじっくり煮込んだもの。

スープカレー
鶏ガラ、ポークと牛すじのブイヨン、香味野菜でじっくりとダシをとった「スープカレー」のベース。辛いのにさっぱりしていて、旨みたっぷり。

グリーンカレー
オープン後、お客さまからの要望でつくり始めたという「グリーンカレー」。タイカレーをベースにしており、ココナツミルクの香りが効いている。

shop data

momo curry

住　　所／東京都武蔵野市吉祥寺本町1-10-9
電話番号／0422-22-0231
営業時間／11:30～22:00（LO21:30）
定 休 日／なし
席　　数／38席
ホームページ／http://www.momocurry.com/

momo curry　店長からのメッセージ

毎日同じことをしていたら
自分もお客さんも飽きてしまう。
「お客さまが来ないな」
と思ったら、とにかく
いろいろやってみること。

《楽しい×健康的》
明確なコンセプトとマーケティング力を武器に多店舗展開を目指し脱サラ開業

大手自動車会社の海外勤務の経験から
「カレー」の持つ魅力と可能性に注目。
独立を視野に飲食チェーン勤務を経験し、
満を持して始めたカレー店の経営。困難を乗り越えて、
今、起業時からの目標であるフランチャイズ展開へと動き出す。

オーナーのこだわり

●健康的なカレー……50種類以上のカレーレシピは、すべて野菜が主役。ほぼ国産100%の野菜を、旬に合わせて常時10種類以上提供している。
●ライブ感のある演出……カレーの持つ"ワクワク感"、"楽しさ"を前面に押し出し、調理の様子が見えるオープンキッチンで注文ごとに調理している。

立ち上る炎に加え、特製カレーペーストと鶏ガラ野菜スープを投入する音と香りも楽しめる、圧倒的なライブ感だ。

野菜を食べるカレー
Camp
東京都渋谷区

オープンキッチンであり、鉄鍋で野菜を炒める「炎の鉄鍋ライブ」を客席から見ることができる。

ランチとディナーのピーク時には行列ができる、人気の繁盛店。ヘルシーさを打ち出した明確なコンセプトに惹かれ、全体の約65%が女性客である。

カレーペーストを鉄鍋に投入し、調理の最後にはスパイスミックスをミルで引く。立ち上るフレッシュな香りが鮮烈な印象。

具材のカット野菜は、デパ地下、デリ惣菜のサラダのように美しく盛り付けてディスプレイ。店に入ると"野菜の生け簀"が目に飛び込んでくる。

米国勤務をキッカケに飲食店開業を志すように

階段を下りて店に入るとすぐに、敷き詰められた氷の上に並んだ、色とりどりのカット済み野菜が目に飛び込んでくる。2007年に開店し、「野菜をタップリ使ったヘルシーカレー」で人気を博す「野菜を食べるカレーCamp」。店主の佐藤卓さんの前職は、なんと大手自動車メーカー勤務。10年以上働き、社内表彰も数多く受けていたバリバリのビジネスマンだった。そんな佐藤さんが「飲食店開業」を志すようになったキッカケは、同社における米国勤務だったという。

「アメリカ人は、『日本食＝ヘルシー&楽しい』と思っていた。明らかに勘違いなんだけど、面白いなと。また一方、現地で知り合ったアメリカ人のなかには、カレーを知らない人も珍しくなかった。日本製のレトルトカレーを手に入れて食べさせてみたら、みんな『おいしい』って喜ぶんですよ。いつかアメリカで飲食店ができたらいいな、と漠然と考え始めたのが、そのころでした」。

本場インドの人が日本の土産として買って帰ることも多いというレトルトカレー。海外の、しかもカレーを知らなかった人においしいと言ってもらえたことで、カレーという料理そのものに自信をもてたのだろう。

出会い＝チャンスを逃さずプレゼンして協力者を増やす

佐藤さんは2004年の春に自動車メーカーを退職し、独立を前提に某大手飲食チェーンに入社。同時に、開業に向けてのコンセプトをじっくりと練った。

「カレー店をひたすら食べ歩き、業界で求められているもののマーケティング調査を徹底的に行いました。その結果、カレー本来の魅力である「ヘルシー」と「ワクワク感」を前面に出せば、他店との差別化が可能だと考えたのです」。

開店して数か月後に、常連のお客さまの声から生まれたメニュー「1日分の野菜カレー」(990円)。厚生労働省の推奨する一日分の野菜摂取量350gを一度に食べられる。全オーダーの60%前後を占め、「Camp」のコンセプトを顕著に示す看板メニューだ。

立ち上る炎! 湯気と音! スパイスのフレッシュな香り! この“ライブキッチン”も、店の大きな魅力のひとつである。

冬の「Camp」の代名詞、「豚汁カレー」(990円)。日本の味噌ベースで作られ、具材も豚肉、サツマイモ、ニンジンなど、まさに「豚汁」そのもの。

「4種キノコのセサミチキンカレー」(990円)。シメジ、エリンギなど4種類のキノコをカレーソースとチーマージャンで炒めてある。

「たまにはガツンとボリュームあるカレーを食べたい」という声に答えた「BBQカレー」(1390円)。中央にドカンと乗った400gスペアリブの存在感は、まさに圧巻だ。

フランチャイズを視野に入れ既存のカレー店との差別化を図る

そこから『Camp』というキーワードを導き出し、開業計画の詳細なレジュメも作成。それを常に持ち歩き、飲食チェーンで働きながら、折を見てその道のさまざまなプロにプレゼンを行う。これが開業に向けてのコネクションづくりとして、大いに役に立った。

「たとえば野菜ソムリエの講義を受講中に、築地の老舗野菜仲買の方と知り合えたので、即座にプレゼンしました。ほかにも神戸の食品会社にも売り込み、野菜100%のカレーソースの特注にも成功。当初からフランチャイズ（FC）展開を念頭においていたので、自家製にこだわるよりも、レベルの高い味を大量に供給できるシステムづくりが必要だったのです」。

そして2007年3月、「Camp」を開店。しかし半年間は、苦しい日々が続いた。

コンセプトは変えずに客の要望を参考に地道な改善

「仕入れの管理や給与、税金の計算など

お店づくりのワザを学べ!!

◉その1
経営のノウハウはどう学んだ？

某有名飲食チェーンに中途入社し、３年弱勤務。飲食店経営に関する実務はそこで学んだ。
しかし、お店のコンセプト作りやマーケティングについては、その前職である大手自動車会社で学んだマーケティングの考え方が大きかったという。「開店前に、都内を中心にカレー店を巡って実地調査。既存店に何が足りず、何がウケているかを考え抜きました。その際、モノを数字で分析して考える、という、自動車メーカー時代に身に付けた手法が役に立ちましたね。その結果が〈ヘルシー感の欠如〉と〈面白さへの無頓着〉。カレーは本来的にヘルシーなもの。でもそこを打ち出している店がほとんどなかった。また、カレーそのものが持つ“ワクワク感”をうまく演出することが、成功への道だと感じた。この二つのコンセプトを掴んだとき、いけると思いました」と、佐藤さん。

◉その2
開店してからの苦労は？

「開店してから半年くらいは業務に慣れていない上、客足も伸びずに苦労しました」と佐藤さん。

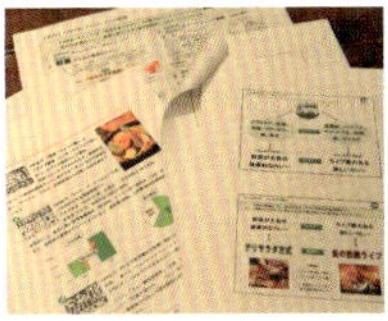

飲食店勤務の頃から詳細な開業計画書を常に携帯し、ことあるごとに仕事で関わる食材業者などにプレゼン。老舗の野菜仲買など、開業に必要なさまざまな人脈作りに成功したという。

現在では開店当初に６人だったスタッフも10人に増え、売上も１日150食近くまで伸びる人気店に。しかし原価率は32％と、飲食業界のなかではやや高めである。「なんといっても、野菜が高い！でも野菜の質を落とすわけにはいかないので、これがギリギリの原価率です」。
これは、今後のＦＣ化に向けての課題だろう。

◉その3
仕入れで気をつけていることは？

体に良くて安全であること。野菜はニンニクを除きほぼ100％国産。創業100年を超える、築地の仲卸から仕入れている、特注のカレーソースも100％ベジで、　種の「野菜スープ」だ。化学調味料も使わず、ナチュラルなものにこだわっている。
ただし「有機栽培」や「産地、ブランド」などに固執せず、素性がしっかりしている素材ならばOK。そのほうが生産量の変化など、さまざまな状況変化に即座に対応できる。

〈開業資金の内訳〉

物件取得費	5,059,000円
設備工事／備品	6,346,000円
運転資金	750,000円
その他	1,700,000円
合計	13,855,000円

HISTORY ●●● オープンまでの歩み

1991年3月
中央大学法学部法律学科卒業。同年4月に某大手自動車メーカーに就職し、法務室に配属。

1998年7月
同社の米国支社に転勤。法務部マネージャーを務める。勤務の傍ら、社内の商品企画公募に応募して優秀な成績を収め、２００２年より商品企画室勤務に異動。数多くのプロジェクトや企画で、さまざまな社内表彰を受ける。

2004年2月
退職し、カレー店の開業を目指して某大手飲食チェーンに就職。３年間勤務し、店長も務める。

2006年11月
独立開業に向けて退職。

2007年3月14日
「野菜を食べるカレーｃａｍｐ」開業。

The Shop illustrated

Point
リュックや懐中電灯、水筒やランタン、ハンマーなど、キャンプをイメージさせる小物やオブジェを至る所に配置。アウトドア風の店内を楽しげに彩る。

アウトドア風の店内を彩る徹底的な“楽しさの演出”

調理器具 ②

厨房 ①

冷蔵庫 ③

ディスプレイ
作業台や流しの前には飯盒炊爨用の鍋がディスプレイ的に飾ってある。カトラリー類はこの鍋の中に入れて提供される。

野菜の生け簀
敷き詰められた氷の上に、カッティング済みの野菜が並ぶ。そのほか入り口にも、箱詰めの野菜がディスプレイしてある。

トイレ
子ども連れでも入れるくらい、広々としたトイレ。流し台の赤い色が、いいアクセントになっている。

ベンチシート
フタ付の収納になっており、荷物や上着をしまうことができる。

テーブル席
4人掛けのテーブル席。席と席の間には高い仕切りがあり、ほかの客の目を気にせずに食べられる。基本的に合席はなし。

階段
ランチやディナーのピーク時には、店の外にまで行列ができる。冬場は待ち客のために、階段下にヒーターを置く。

厨房
“魅せること”に重きを置いた、客席から見えるオープンキッチン。冷蔵庫は中を見ずともすむよう、扉に在庫が記してある。

でパニック状態。売上も赤字で、『すぐにFC化』と息巻いていた開店前の自分が、恥ずかしく思えたくらいです」と、佐藤さんは苦笑い。

「FC化は一度忘れて、この店を繁盛させることだけを考えよう」。そう切り替えた佐藤さんは、少ないながらも足を運んでくれていた常連客の声に耳を傾けていく。その結果生まれたのが、よりコンセプトを明確に表した「1日分の野菜カレー」であり、ガッツリ系の「BBQカレー」などである。さらに「野菜のディスプレイ化」のアイデアも、お客さまからのものだ。

「看板メニュー『1日分の野菜カレー』を確立できたのは、大きかった。コンセプトは守り続け、その範囲でお客さまの声に耳を傾ける。すると、徐々に客足も伸び始めました」という。

2011年現在、ピーク時には行列のできる人気店に成長した。JR東日本との提携で、エキナカFC店の展開も開始している。「ようやく多店舗展開への道も開けてきました。これからが、勝負です」。佐藤さんはアメリカへの出店を目指して夢への第一歩を踏み出したばかりだ。

Owner's Choice

★

多店舗展開を睨みオペレーションを設計

大手自動車メーカー勤務から、ビジネスとしての飲食店経営を志した佐藤さん。開店時の苦労を乗り越えて人気店に成長し、開店4年目には創業時から視野に入れていた「多店舗展開」への道を走り始めた。

「私は飲食業界とは畑違いの人間。開店時に6名いた（現在は10名）スタッフも全員、飲食業は未経験でした」。

「Camp」は当初からFC化、多店舗展開が前提であり、そのために味の要であるカレーソースをプライベートブランドとして食品会社に特注。グルメ雑誌が絶賛する味を、誰でもどこでも再現可能なように、すべてのオペレーションが設計されている。

「2010年にはJRとの提携により、エキナカへの出店も開始しました。将来的には、私に飲食業での独立のキッカケを与えてくれたアメリカで、カレーチェーンを成功させたい。それが、先々の目標です」

1

スタッフは開店の1時間以上前に出勤。店内の掃除や下ごしらえなどの開店準備の中には、野菜を大量にカットして、美しくディスプレイする仕事もある。

2

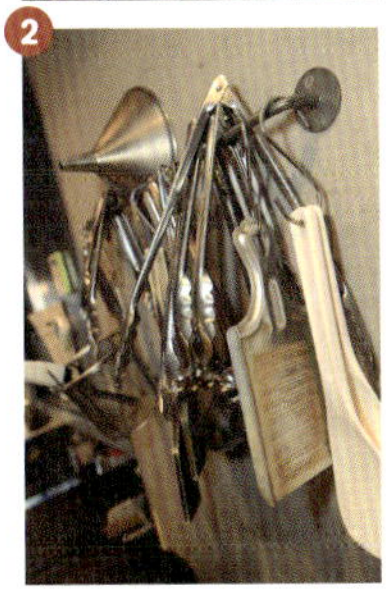

厨房の壁にずらりと掛けてある調理器具一式。使用頻度が高いので、いちいち探す手間を省くためにも棚などにしまわずに、目の届く範囲に整理して置かれている。

3

カット済みの野菜がタッパーに入れて保管してある冷蔵庫。見込みの消費量に合わせて、毎日補充される。

まだある!! 「野菜を食べるカレーCamp」の工夫 1

冷蔵庫の扉には、中にあるカッティング済みの野菜の在庫がすぐにわかるように、マグネットを使ったメモ書きが記されている。「いちいち中を見て数を確認して、という手間がもったいないので。これはもともと、私の勤めていた大手自動車会社の工場における部品の在庫管理で使っていた手法です。他業種の経験も、意外と生きるものですよ」（佐藤さん）。

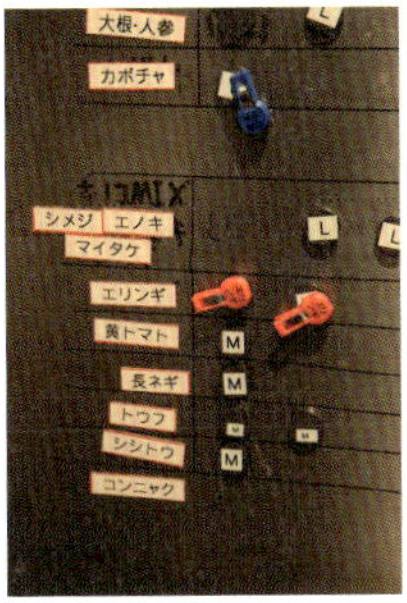

キャンプ用品一色の店内は楽しさいっぱい!

木造のテーブルや壁面の装飾、
飾ってあるリュックや飯盒、フライパンなど……。
「健康的×楽しさ」の2つのコンセプトから導き出された
「Camp」というキーワードに合わせ、
店内のいたるところに演出が施されている。

【テーブルの上の食器や小物も!】

来店すると、飯盒の中に入った小冊子やお手拭、そしてスコップ型のスプーンやフォークなど、遊び心満載のカトラリーがお出迎え。

お水はテーブルごとに、水筒で提供。細かいところまでのこだわりが、楽しさを生む。

スタッフのユニフォームまでこだわる!

店長も含めてスタッフ全員が、厚手のロングTシャツに黒いアウターで揃え、帽子もかぶったアウトドアスタイル。"山ガール"の流行を見越していたかのようなユニフォームで、元気に接客している。

ドリンクは手作りラッシーやコーヒー、アイスティーなど。やっぱりキャンプ風に、金属製のカップでどうぞ。

【店内、至るところにアウトドア!】

本格的な登山で使うハンマーも、壁面に飾ってある。意味がないと思うなかれ、この手のオブジェを写メしていく若い女性客など意外に多いのだ。

厨房と客席の間に吊り下がっている照明も、アウトドアで使われるランタン風。ふとすれば無機質になりがちな厨房を、温かみのあるイメージに変えてくれる。

店内入り口を入り、客席に座って振り返ると飾ってある青色のザック。30Lは入る、本格的な登山仕様のザックだ。その横にはアウトドア用懐中電灯が。

ユーモアを感じさせる熊出没ならぬ「ロバ横断注意」の道路標識は、野生化したロバのいるハワイ島などで実際に目にすることができるもの。

まだある!!「野菜を食べるカレーCamp」の工夫❷

「たまにはガツンとボリュームあるカレーを食べたくなる」との常連客の声に応えて、ディナー限定メニューとして「BBQカレー」を考案。400gのスペアリブの迫力は、圧巻だ。
そのほか、毎月ひとつは必ず新メニューを提供。野菜を炒めるときの下味の付け方にバリエーションをつけるため、中華やイタリアンなどのレシピも研究している。

新メニューの開発は常に行い、飽きのこない店づくりを続ける。

これが「Camp」を躍動させるライブ・キッチンだ!!

注文を受けたらスタッフが1食分ずつ調理。多くのカレー店が、寸胴に入っている「煮込んであるカレー」を盛り付けるだけであることと比べれば、ケタ違いの“ライブ感”だ。“野菜の生け簀”の中のカット済み野菜を手に取ると、順番に鉄鍋の中に放り込み、コチュジャンや味噌などメニューごとに変わる調味料とともに、強火で一気に炒める。そこに特注のカレーソースとスパイスを投入し、アツアツの鉄板の上に盛り付けて提供。ひとメニューにつき約2分間のこのショータイムも、「Camp」の大きな魅力のひとつである。

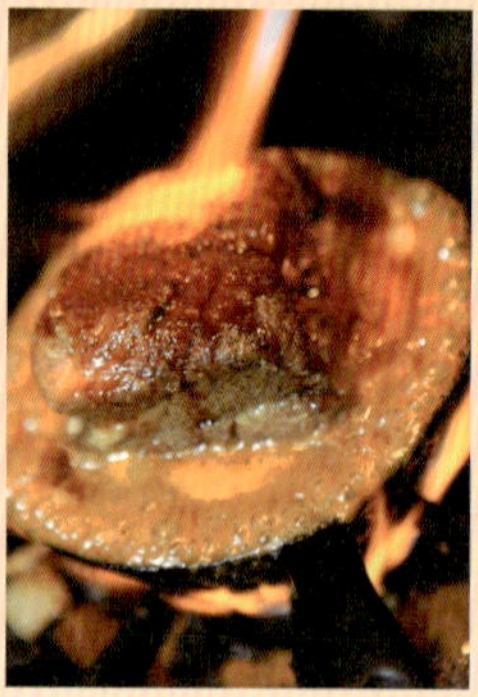

店内の半分を占める厨房の入り口側にコンロが3つ並んでおり、その前にはガラス製の衝立が。客席から衝立越しに、すべての調理過程を楽しめる。カレー店には珍しい、完全なるオープンキッチン方式だ。

「楽しさ×健康的」というコンセプトを忠実に具現化

鉄鍋の上で踊る、カッティングされた色とりどりの野菜。立ち上る炎、香り立つスパイス、アツアツの鉄鍋での提供……。

その過程のすべてが、客席から楽しめる。これが「Ｃａｍｐ」独自のコンセプト「楽しさ＝ワクワク感の追求」から生まれた「ライブ・キッチン」方式である。

また「野菜を使ったヘルシーカレー」自体は珍しくもないが、「Ｃａｍｐ」の野菜は色鮮やかさや食感がバッチリ残るほど大振りにカットされており、やはり他店とはイメージ、盛り付け、味も大きく異なる。

さらには特注のカレーソースも、たまねぎ、ニンジン、ジャガイモをペーストにして軽く煮立てたベジ１００％の〝野菜スープ〟。「健康的＝野菜たっぷり」というコンセプトが結実した、執念の賜物である。

「野菜のカレー」というイメージを前面に押し出すべく、入り口そばの氷敷きの「野菜の生け簀」には、カット済みの野菜を美しく配置。旬を大切にし、毎日10種類程度の野菜を使ったメニューが提供される。

新鮮な野菜がたっぷり！「Camp」のカレーはここが違う

トマトやカボチャ、たまねぎ、ナスなど、使用する野菜はニンニクを除き、ほとんど100%が国産。築地で100年営業している老舗の野菜仲買から仕入れており、ブランドや産地にこだわらずとも、その質の高さは保証済みだ。

スタッフは毎朝、店外の箱から野菜を取ってカッティング。ボウルの中に入れて氷を敷いた「野菜の生け簀」に置き、来店した客を目で楽しませている。

冬場はほとんどの野菜を店外の階段下に保管。通行人や、並んでいる人たちの目に入るようにしてある。

shop data

野菜を食べるカレー Camp

住　所／東京都渋谷区千駄ヶ谷4-29-11 B1
電　話／03-5411-0070
営業時間／11:30～22:30(LO22:00)
定 休 日／日曜
席　数／テーブル24席
ホームページ／なし

「野菜を食べるカレーCamp」オーナーからのメッセージ

飲食業は未経験でも、他業種での経験が役に立つこともある。スタッフ全員が未経験でも大丈夫。ただし開店時の苦労は覚悟して。壁にぶつかってもくじけるな。地道な改善で光は差す。

「自分で正しいと思った“店のコンセプト”は決して曲げずに、でも頑固にはならないで。お客さまの要望には、柔軟に対応しよう。開店してからが本当の勝負！」

オリジナルを追求する タンドールの名手が 目指すもの

中学卒業と同時に料理人の世界に飛び込み、
なにげなく足を踏み入れた“インド料理”の世界。
さまざまな葛藤と挫折を乗り越えて
“自分の店”を開いたのが14年前。
男は和素材とインド料理の融合という
前例のない試みに没頭し続ける。

オーナーのこだわり

●和素材とインド料理の融合……インド料理では本場の名シェフに勝てないかもしれないが、負けたくない。その思いから和素材を使った独自のインド料理にたどり着いた。

●タンドール料理……修行時代のインド人シェフにも「これまで教えてきた日本人で一番うまい」とお墨付きをもらった、タンドール窯を使った焼き物料理も看板のひとつ。

客席からも見えるキッチンの中心に位置するタンドール（インドの焼き釜）が、そのまま店名になったお店。梅干など、意外な和の素材が、不思議と本格インドカレーに合うと、常連客の多い繁盛店でもある。

新・印度料理 たんどーる

東京都中野区

「マハラジャ」「アジャンタ」など、タイプの異なるインド料理店5店舗での経験が、塚本さんの原点。そこに和洋のさまざまな名シェフの本から独学でヒントを学び取り、和と印の融合を生み出していく。

カウンターには赤・白ワインに加え、カクテル、ラッシー用のリキュールが並ぶ。常連さんが残った閉店後には、店長も軽く付き合って飲むこともあるとか。

洋食、フレンチ、イタリアン…多くの厨房を経験

「たんどーる」の店長・塚本善重さんが料理人の世界に足を踏み入れたのは15歳のころ。中学卒業後に調理師の専門学校に進学し、洋食店で働き始めた。「でも、まだ10代の遊びたい盛りの頃のこと。忙しい上に給料も安く、仕事も難しくて上手くこなせない。正直、数年間はずっとつらかった」。

そして3年ほど経った後、たまたま見つけた「インド料理レストラン」に職換えしても、そのつらさは変わらなかった。日本人の、しかも若かった塚本さんの仕事は雑用ばかり。カレーなどつくらせてもらえるわけもなく、言葉の通じないインド人シェフとも事あるごとに揉め、結局すぐにインド料理の世界から足を洗ったという。

そこからフレンチやイタリアンなどの厨房に入り、経験を積んだ塚本さんが再びインド料理の世界に引き戻されたのは、最初のインド料理店でお世話になった日本人スタッフの独立がきっかけだった。「その方が自分で店を出すと聞いて、なぜか手伝いたくなってしまった。そこで初めて自分でカレーをつくることができ、その面白さにハマってしまったんです」。

タンドール技術を身につけ〝和×印〟の融合を目指す

塚本さんはそこから10年以上の間、タイプの違う4軒のインド料理店を渡り歩き、20人以上のインド人シェフと仕事をすることになる。「よくケンカしましたよ。『スパイスのこと、日本人になにがわかる！』って思っている人たちですからね」。

そんななかでも、あるお店ではタンドール担当シェフと仲良くなり、ひたすら食らいついていくうちに、タンドールの技がメキメキ上達していった。「なかには話のわかるインド人シェフもいて、いろいろ教えてくれる人も増えた。少しずつ道が見えてきた感じです」。そんな経験を積んでいくうち

「たんど〜る自慢のタンドリーチキン」(1ピース530円、2ピース1000円)。炭火のタンドールでじっくりと焼き上げる、炭火焼きタンドール料理がこの店の名物。タンドリー名人・塚本さんの腕の見せどころだ。

(左下)「黒さは香る！黒ゴマカレー 海老」(1030円)。たっぷりの黒ゴマのペーストとスパイスが程よく馴染んだ、コクのあるヘルシーカレー。同じ「黒ゴマカレー」の「チキン」は980円で、チキンマライティッカを使用。ちなみにナンは別料金で、プレーンナン320円ほか。
(下)「華麗なる！鶏ひき肉とナンコツのキーマカレー」(1000円)。南インドのキーマカレーをベースに、細かく砕いた軟骨を加えた。コリコリした食感がアクセント。

南インドの定番「ラッサムスープ」を和の食材(豆腐、梅干し、昆布、シソ、ゴマ)を使ってアレンジした「和ッサムスープ」(350円)。

一流のタンドールさばきで オリジナルインド料理を生み出す

に、ある思いが涌き上がってくる。それは「普通のインド料理では、インド人シェフには到底かなわない。でも、負けたくない」という、矛盾した気持ちだった。「そう考えた時、彼らと同じレベルで闘える方法を考え始めた」。そこから『和素材を使ったオリジナルのインド料理』にたどり着くまで、そう時間はかからなかったという。

前人未到の荒野なれど 信じる道をひたすら進む

25歳の頃から独立を考え始め、『たんどーる』を開店したのは31歳のとき。都内で家賃の安い場所を探し、中野区沼袋に出店を決める。修行時代に思いついたレシピに対してさらに試行錯誤を繰り返し、ひとつのメニューを完成させた。「梅カレー」である。

「最初は全然注文が入らなかった。もちろん当時のレシピの完成度が低かったのと、和テイストのインド料理自体が斬新すぎて、誰も冒険しようと思わなかったのもあるでしょう」。もしか

お店づくりのワザを学べ!!

◉その1
開店して一番大変だったことは？

場所を沼袋に決めたのは、単に予算の問題だった。開店当時は駅の改札から反対側にあったのだが「来年には（店の側にも）改札ができますから」と言われ、「新築の物件だし、いいか」と考えて契約。「でも、結局開店してから３年間、店側に改札はできなかった。“和食材を使ったインド料理”というものの前例がなかったこともあり、お客さまの入りも決してよくなかったんです。誰も来ないに等しい日もあったし、アパートの家賃が払えないから店に寝泊りしようと思ったことも。毎晩、ヤケ酒を飲む毎日でしたね（笑）」。

◉その2
お客さまが増えたきっかけは？

お客さまが入らない分、時間だけはあったので、ひたすら「和食材とインド料理の融合」を追い続けた。しかし時には「普通のインド料理の店にした方がいいのかな」と揺れたこともあったという。「開店して３年ほど経って、ようやく現在まで続く人気メニューの『梅カレー』『黒ゴマカレー』『根菜カレー』の３種類が揃った。そこで『これでやっていけるんじゃないか』と思い、2000年には店名に『新・印度料理』の看板を掲げたんです」。ようやく駅の新改札もできあがり、人の流れに変化が起きたのもラッキーだった。ここから少しずつお客さまもつき、マスコミにも出始めることで売上は安定し始めた。

テーブル席の背後に、開放的な窓が広がる。8.5坪の店内でも狭さを感じないのは、この造りに寄るところが大きい。壁面には「たんどーる通」が選ぶ“オススメメニュー”が手書きで並ぶ。

◉その3
創作メニューの礎となるものは？

「新・印度料理 たんどーる」のカレーメニューは純粋なインド料理ではなく、ほとんどにオリジナルのアレンジを加えている。このアレンジの発想の元になるのが、修行時代の全くタイプの異なる４軒のインド料理店での経験だ。そして和食の名店『分とく山』の野崎洋光氏や、『ラ・ベットラ』の落合務氏の記す本も、自らの「教科書」であると話す。「料理はすべて繋がっている。だから、他のジャンルの料理の基本を学ぶことは、インド料理の応用に役立つんだと思います」。

〈開業資金の内訳〉

物件取得費	1,600,000円
設備工事／備品	6,200,000円
運転資金	1,000,000円
その他	1,200,000円
合計	10,000,000円

HISTORY ●●● オープンまでの歩み

1981年
中学卒業後、調理師専門学校を経て料理人の世界に入る。はじめは洋食店に勤める。

1984年
インド料理店「マハラジャ」に勤務し始める。そこから約12年で、他ジャンルの料理店などを渡り歩く。うちインド料理店が４軒だった。

1997年
沼袋に「たんどーる」をオープン。

2000年
「和食材を使ったインド料理」というコンセプトに沿って、店名を「新・印度料理　たんどーる」に変更する。

The Shop illustrated

Point
8.5坪という小ぢんまりとした店だが、テーブル間をキチンと空けることと、大きな窓のお陰で狭さは感じない。色彩だけがややエスニック調だが、小物は和モノも多い不思議な空間。

インドレンガの色合いを基調にしながら 装飾はないシンプルな店内

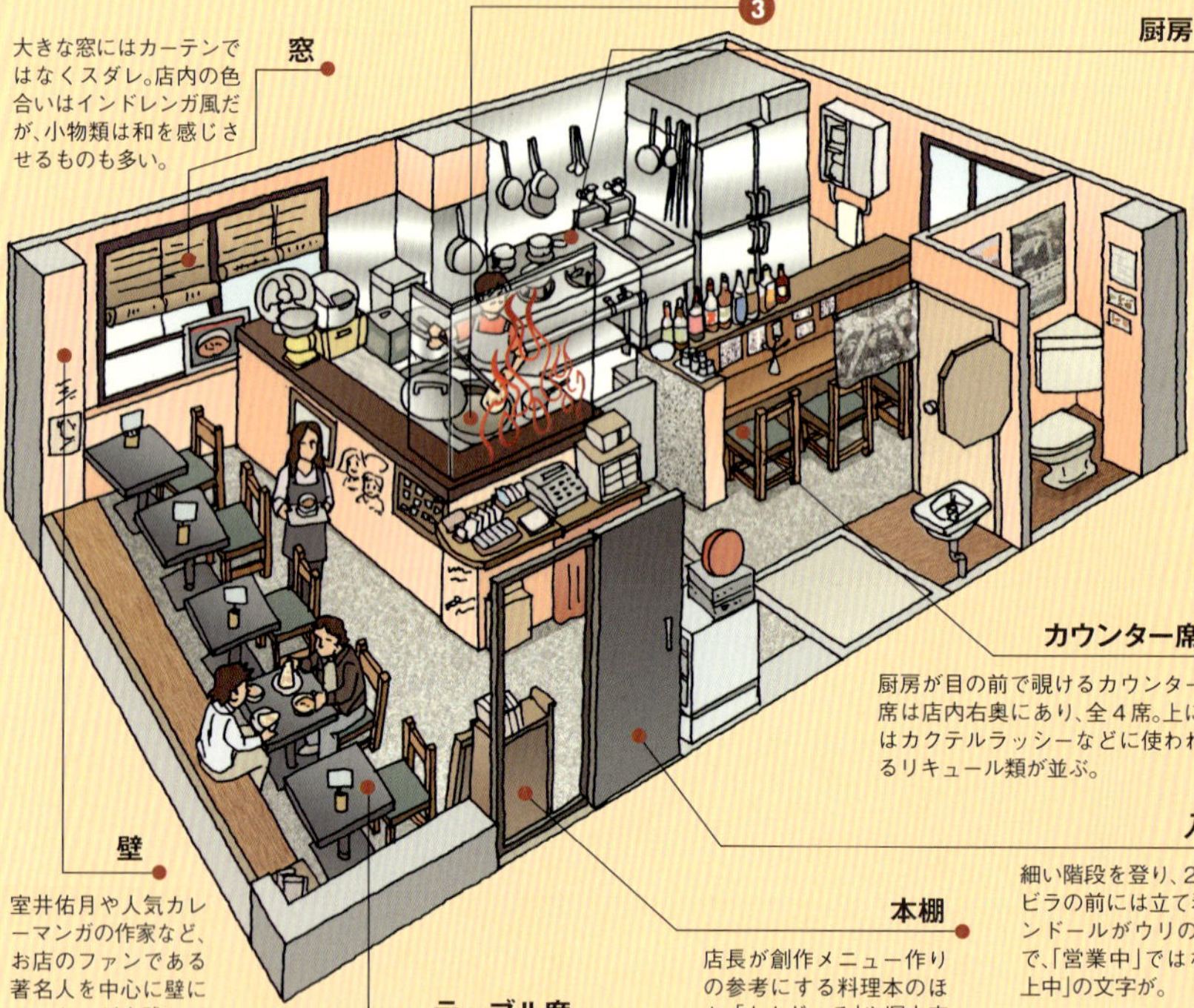

窓
大きな窓にはカーテンではなくスダレ。店内の色合いはインドレンガ風だが、小物類は和を感じさせるものも多い。

タンドール窯 ③

厨房 ①

カウンター席
厨房が目の前で覗けるカウンター席は店内右奥にあり、全４席。上にはカクテルラッシーなどに使われるリキュール類が並ぶ。

入り口
細い階段を登り、2階のトビラの前には立て看板。タンドールがウリの店なので、「営業中」ではなく「炎上中」の文字が。

壁
室井佑月や人気カレーマンガの作家など、お店のファンである著名人を中心に壁にメッセージを残している。

本棚
店長が創作メニュー作りの参考にする料理本のほか、「たんど〜る」や塚本店長が受けた取材記事が載った雑誌なども。

テーブル席 ②

したら、自分は間違っているのか……。ふと湧き上がるそんな思いを抱きながら、さらなる和×印メニューの開発に取り組む。「開店して3年ほど経って、ようやく『梅カレー』に加えて軸になる和×印メニューが何本か完成。やっと『自分は間違っていなかった』という確信を持てたので、店名に『新・印度料理』という冠を付けたんです」。

2003年頃よりテレビや雑誌などマスコミの取材も受けるようになり、人気店の仲間入りを果たす。その取材の記事で、ある著名なコラムニストが付けたキャッチフレーズ『和魂印才、ここにあり』が、塚本さんの心に響いた。「和テイストのインド料理というものが全く受け入れられなかった開店当初を考えると、非常に幸せなこと。オープンして14年になりますが、今後も、もっともっと『新・印度料理』を広めたい」。タンドール窯を担いで前人未到の荒野をひた走る、塚本さんに今や、迷いはない。

Owner's Choice

★

都心への移転も選択肢のひとつに

コンセプトである「和テイストを加えた、新しいインド料理」も、ここ10年足らずで多くの人に受け入れられるようになった。
「新メニューを紹介したとき、お客さまに『"たんどーる"らしくていいですね』などと言われると嬉しくなる。"ウチの店らしさ"を理解してくれる人が増えている、ということですからね」。でも「もっと"新印度料理"というものを広めたい、という思いもある。あるいはカレー以外のタンドール料理なども、まだ馴染みのない人も多いはず。それを広めるため、もっと都心で、もう少し大きな店に移転することも、選択肢のひとつですね。また、もっと歳をとったら、田舎で『メニューのない料理店』をつくりたいな、とも思っています。常連さんを相手に、その日の自分のオススメを出す、みたいな」。

❶ 厨房はやや狭いので、店長を含めてもスタッフは2人が動き回るのがやっと。調理は基本的に塚本店長がみずから行う。

❷ ウッディな黒いテーブルに、木のイスをセット。後ろの窓のスダレとともに、どこか"和"を感じさせる店内だ。

❸ 厨房の入り口側手前にある、特製の炭火焼タンドール窯は、開店時に70万円で購入。

まだある!!「新・印度料理 たんど～る」の工夫❶

内装リニューアルで壁の塗り替えを行ったが、壁に描かれていた「たんどーる」ファンの著名人からの落書きはそのまま残してある。たとえば、人気カレーマンガ『華麗なる食卓』の作家によるイラストやサインも壁に大きく描かれており目をひく。

明らかに壁の色が異なるこの内装も店内の印象をより独特なものにしている。

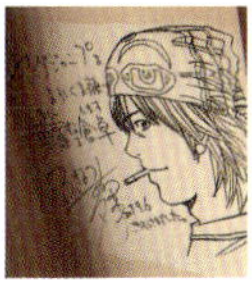

“タンドール番長”のテクニックを学ぼう!

「焼きたてのナン」(320円)。そのほか「ガーリックナン」(370円)、おつまみナンの「レーズンとクリームチーズナン」(550円)など、バラエティ豊か。付け合わせの「ガリのスパイス漬け」は100円。

その1 ナンの焼き方

① 生地を作り めん棒で伸ばす

小麦粉、塩、砂糖やタマゴ、ヨーグルトなどの材料をよく混ぜ、水を加えながらじっくり練る。その後、小一時間ほど寝かせた生地を適度な大きさに切り、さらに寝かせる。最後に、軽くめん棒で伸ばす。

② 両手で音を 立てて伸ばす

両手に軽く水をつけ、①の生地を両手に交互に叩きつけて伸ばす。この時、“パン!”と大きな音を立てながら伸ばすのがコツ。

③ タンドールの 内側に貼り付ける

炭火を起こしたタンドールの内側に貼り付け、数分間かけて焼き上げる。この時の時間、焼き加減は釜の中の温度により微妙に異なる。表面に適度な焦げ目が付いたら焼き上がり。

④ 皿にのせてアツアツを!

表面にガーリックオイルを塗って完成。必ず「たんどーる」特製のナン皿にカッコよくのせて、アツアツのままどうぞ!

本場のシェフにも太鼓判を押されたタンドールの技術

修行時代、インド人シェフに「たくさんの日本人を教えてきたが、塚本がダントツでうまい」と言わしめた、塚本さんのタンドール・テク。開店して間もなく「タンドリーチキン」をテイクアウトしていったお客さまが、あまりのうまさに感動のあまり電話してきてくれた、という話もあるほどだ。「タンドールはつくりが単純な分、常に同一の状態にしておくことが難しい。ナンひとつを焼くにしても、火加減、生地の作りかた、伸ばしかたに焼き時間など、考えることは山ほどあります」（塚本さん）。修業時代、インド人シェフが休んでいるときなどにみずから代役として名乗り出て、とにかく場数をこなすことでその技を身に付けたという。

「ひたすら修練して、今の自分があります。今の店名も、日本人である自分が、和素材と『タンドール窯』のテク

「たんど～る自慢のタンドリーチキン」(1ピース530円ほか)。オーダーを受けてから焼き始めるため、焼きあがるまで少々時間はかかるが、その分アツアツでやわらかく、極めてジューシーに仕上がる。

その2 タンドリーチキンの焼き方

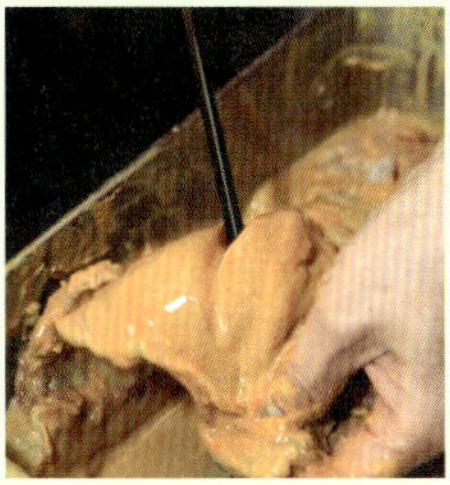

① 鶏肉を金属串に刺す

数種類のスパイスに一晩漬け込んだ鶏肉を、金属の棒に刺す。このときに重さや肉質を自然とチェックして、焼き上がり時間の目安を微調整しているそう。

② タンドール窯に投入

金属串に刺した鶏肉を、炭火を起こしたタンドール窯に突き刺す。窯の中央ではなく、端に近い部分に入れることで熱の伝わりを良くし、仕上がりまでの時間を短くできる。

③ 窯のフタをして焼き上げる

窯のフタをして、10分近く焼き上げる。ただし焼き時間は素材や窯の状態、火加減などによって大きく異なるので、ときどきフタを外して焼き加減を確認する。

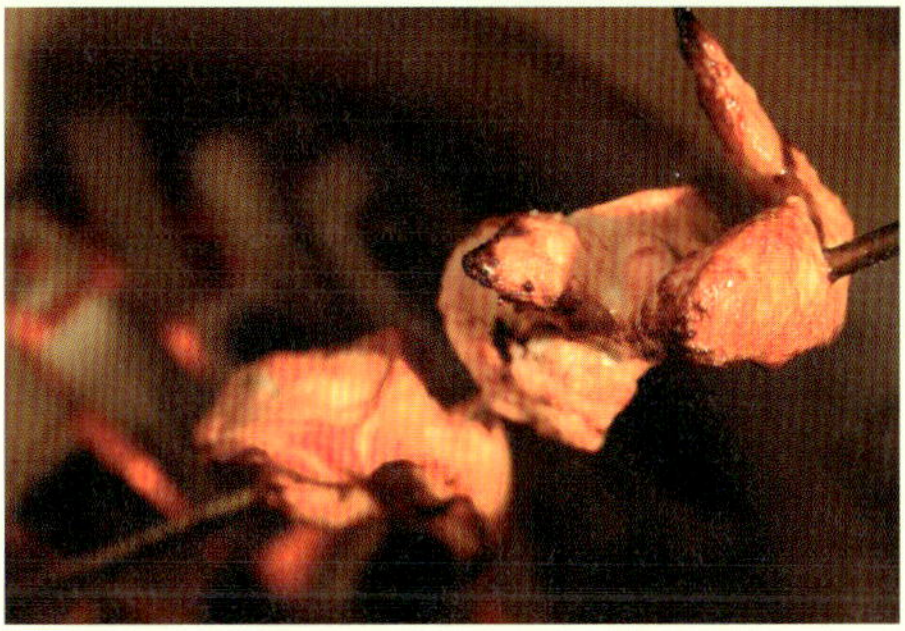

④ 皿盛りしてアツアツを!

焼きあがったら串から1ピースずつ取り外し、付け合わせのサラダとともに皿に盛る。軽くコショウなどの調味料をふって完成。

まだある!!
「新・印度料理 たんど～る」の工夫❷

小さなビルの2階にあるため、ふとすると見落としがちな「たんどーる」。階段下のタテ看板だけでなく、ビルの階段の反対側にも看板が掲げてある。
また、建物が駅のホームから見えることを生かし、ホーム側のビルの部分にも大きな店名が書かれた看板が飾ってあり、初めて来た人もほぼ迷わずに到着できるようになっている。

ニックを武器にインド料理で勝負する、という意気込みを込めて付けたものですしね」。

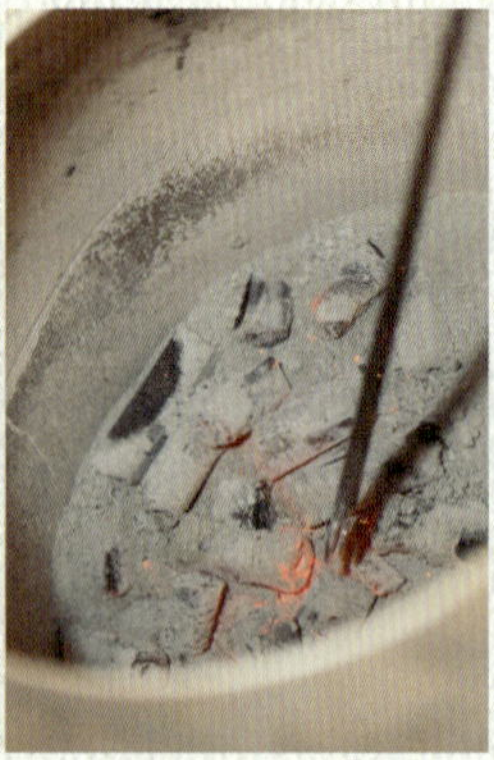

「新・印度料理たんどーる」塚本店長の一日

1 10:30〜12:00 タンドール窯に火を入れ開店準備を行う

店に到着し、昼営業の準備。タンドール窯に炭を入れ、火をおこす。ちなみにベースの異なるカレーが何種類もあるため、毎日全種類の仕込みはできない。1日1〜2種類を、数日分仕込む形だ。立て看板を階段下に設置し、入り口の札を「炎上中」(営業中の意)にひっくり返して、準備万端!

2 12:00〜14:30 スタッフ1人とともにランチ営業

ランチでは「お得なカレーランチセット」を900円から提供。カレーに焼きたてのナン(もしくはスパイスライス)、ミニサラダも付いてこの価格だ。14席の小ぢんまりとした店なので、待機者が階段で待つことも。ちなみに土・日・祝のランチタイムのみ、店内は禁煙になる。

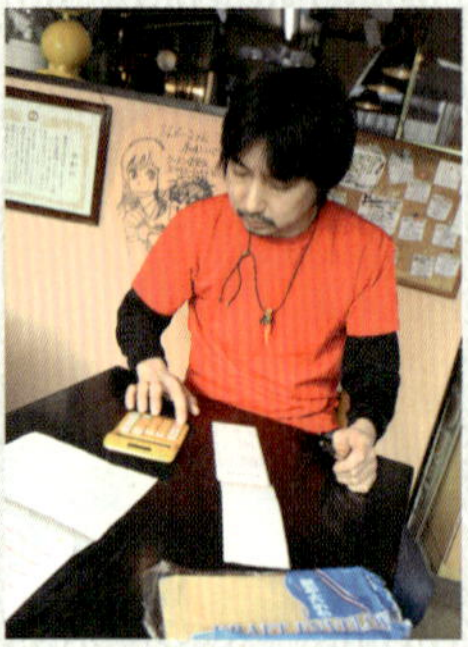

3 14:30〜18:00 アイドルタイムに雑務をこなす

昼営業が終わり、ひと休みしたら雑務に入る。アルバイトスタッフの給料を計算することもあるほか、急に必要になった食材を地元のスーパーに買い出しに行くことも。自宅からの通勤手段でもある自転車が、ここでも大活躍だ。新メニューの構想、開発をこの時間に行うこともある。

「新・印度料理 たんどーる」の1日

10:00
店長、早番のスタッフが入店。開店準備を行う。

12:00
ランチ営業

14:30
中休み。店長は諸雑務に追われ、スタッフは入れ替わる。

18:00
ディナー営業

22:00
閉店・後片付け

4 18:00〜22:00 勝負のディナー営業

新しく思いついた創作メニューにひとりニヤニヤしながら、夜営業に突入。ピークは日によって異なるが、19時30分〜20時程度のことが多い。基本的にフロアはスタッフに任せ、塚本さんは調理に専念することが多い。とはいえ狭い店のオープンキッチンなので、自然と常連さん、お客さまとは親しくなっていく。日によっては売り切れ仕舞いになることも。

5 22:30〜 後片付けしながらときどき飲むことも

お客さまが引けた後、後片付けしつつ閉店。その日の売上をチェックし、帳面につけるのもこのタイミング。たとえ疲れていても、毎日やらなければ意味がない。たまに閉店時間過ぎまで常連さんが残っていたときは、カウンターで軽く一杯やることもあるとか。

shop data

新・印度料理 たんどーる

住　所／東京都中野区沼袋1-8-22 ヤマニビル2F
電　話／03-3387-2172
営業時間／12:00〜14:30、18:00〜22:00、日・祝は〜21:00、火・水はディナーのみ
定 休 日／月曜
席　数／テーブル10席、カウンター4席
ホームページ／http://www014.upp.so-net.ne.jp/tandoor/

新・印度料理 たんどーる 店長からのメッセージ

飲食店にとっては「メニュー、コンセプトをどうするか」が一番大事。そこをじっくり考えなければ開店してからも方向性が見えずに迷走することになりがちです。
25歳の頃から開店を考え始め、実際に開店したのは31歳のとき。その間、自分がやりたい店のことをじっくり考えました。
それでも開店後も試行錯誤の連続で、3年は経営が安定しなかった。コンセプトを甘く見ていると、失敗する可能性が高いですよ。

カレー好きが高じて脱サラ
レシピは独学、内装は DIY
"手づくりの味"を武器に突っ走る!!

北海道でスパイスカレーとの
"人生を変える出会い"を経験。
カレー漬けの大学生活を経て一般企業に就職するが、
知人の開業をキッカケに"カレー熱"が再燃。
ノウハウゼロからの出発を支えたのは、
とにかく「カレーが好き」という情熱だった。

オーナーのこだわり

●ベースのたまねぎの品質……ベースとなるたまねぎは、皮むき後に温度管理されたものを仕入れている。一定して同じ味が引き出せるし、仕込み時間の短縮にもなる。

●窓際席からの風景……物件確定の際に一番のポイントとなったカウンター席。「新宿の喧騒に加えて、御苑の緑。まったく異なる新宿の風景が見られるのは最高ですよ」

スパイスの風味がアクセントのオリジナルカレー。オープン当初は25種類ほどのスパイスをブレンドしていたが、現在は15種類に厳選して絞り込み、深みとバランスのある味わいに仕上げている。

curry 草枕

東京都新宿区

新宿御苑にほど近いビルの２階にあり、窓からの緑も楽しめるお店。研究熱心なオーナーのスパイス使いに定評があり、夕方には売り切れてしまうことも。

(右)シンプルな造りの入り口には、満席時に座って待てるように、2つのイスが置かれている。(左上)広さは7坪ほどだが、窓が大きく開放的で、狭さを感じさせない。窓際のカウンター席から、新宿御苑の自然を眺めながら食事ができる。(左下)一皿あたり丸々一個ほどのたまねぎをペースト状にして炒めたベースに、独自ブレンドのスパイスを加える。小麦粉を使わずにスパイスの風味を際立たせており、一口食べると通常のルーカレーとの違いに驚く。また植物性油を使用しているため、さっぱりとした口当たりで食べやすい。

先輩と訪れた店で食べた スパイスカレーが人生を変えた

北海道の大学に通っていた1997年。「curry草枕」店主の馬屋原亨史さんは、スパイスカレーの虜となった。当時の北海道では、スープカレーの店が続々オープンし、ブームの兆しを見せていたころ。もともとカレーが好きだった馬屋原さんも、スープカレーに傾倒していた時期があった。そんななか、ある先輩と訪れた1軒のカレー店で、スパイスカレーに出会う。「食べてすぐに虜になったわけではないのですが、また食べたいと思う味でした」。気付くと、何度も店に足を運ぶようになっていた。

そこから「大学生活」＝「おいしいスパイスカレーづくり」となった。大学でカレー部に所属し、毎日のようになじみのカレー店に通いながら、新店の開拓も行う。さらにはオリジナルカレーをつくり、部員同士で腕前を競い合う。「カレー漬けの大学生活でしたね。カレーの食べすぎで入院した仲間もいました」。スパイス料理を探求すべく、中東旅行を敢行したこともあった。時を同じくして、横浜にカレーのテーマパーク『横濱カレーミュージアム』がオープン。大のカレー好きとして地元のテレビ番組にも出演していた馬屋原さんは、オープン日の朝6時に現地で並び、3番目の来場者になった。「記念にもらった黄金スプーンは、大事に保管してあります。あの日は5軒のカレーを完食しました（笑）」。

スープカレーの大ブームが 起業のキッカケをつくる

卒業後は、ビルの空調管理などを行う大阪の会社へ就職。カレーへの愛情は冷めず、食べ歩きは続けていた。そんなとき、大学時代の後輩の両親が、スープカレー店をオープンすることに。そこで開店後、スパイスの使い方や具材の仕込み方法を提案するなど、アドバイザー的にお店を手伝った。「オ

ベースとなるたまねぎは
1日15kg使用することも。

（左）たまねぎをベースに、厳選された15種類ほどのスパイスを独自に調合。カレーメニューは6種類だが、具材が異なるだけでベースは同じ。具材はチキン、ナス、トマト、エビの組み合わせだ。一番人気は「なすチキン」（右上・830円）。「チキン」（左上・730円）は、スパイスカレー初心者にオススメの一品。（左下）スパイスの香りとトマトの酸味が絶妙にマッチする「トマトチキン」（830円）。

人気のトッピングはコレ!

トッピングは5種類。（左）「発酵バター」（120円）は、スパイスの香りに独特の深みのあるコクが加わる。（右）「チーズ」（150円）は、細かく刻んだチーズをトッピング。まろやかなカレーが好きな人に。そのほか「温泉玉子」（120円）、「ナス」（100円）、「プチトマト」（100円）がある。

大学時代からの独学で掴んだオリジナルの味で勝負!

ープン後も、休日は手伝いに行っていました。当時はスープカレーが全国的に大ブームになっていた時代。その店もすぐに、人気店になりましたね」。

店内が多くのお客で賑わい、店を切り盛りする夫婦も楽しそうにしている。この光景が馬屋原さんの中に眠っていた〝カレー好き魂〟に火をつけた。「店が繁盛していく過程を目の当たりにして『自分もやってやる！』と思いましたね。それから毎日、カレーの試作ばかり。仕事もこなしながらでしたが、開店という明確な目標があったので、つらいとは思いませんでした」。服にもカレーのにおいが染み込むほど、試作に没頭していたという。

食材にこだわるよりも「自分が手を抜かない」こと

飲食業の経営ノウハウもなく、ただ、カレーが好きだというだけで起業を決めた馬屋原さん。不安もあったが、自分がつくるカレーに自信もあったという。「試食を繰り返し、知人に

お店づくりのワザを学べ!!

◉その1
なぜスパイスカレーを選んだのか？

これまでに200店以上のカレー店を食べ歩いているという店主の馬屋原さん。はじめはルウカレーが好きだったが、大学時代を過ごした北海道でスパイスカレーの魅力を知った。「初めて食べたときは、普通においしいと感じただけだったんです。でも何回か食べていくうちに、スパイスの調合ひとつで味も辛さも変わっていく、スパイスカレーの奥深さに気付きました」。
そこからスパイスカレーの探求がスタート。書物でスパイスの勉強をすることはもちろん、インド、トルコ、イスラエルなど、スパイス料理が有名な国へ行き、本場の食文化にも触れたという。

◉その2
店舗選びのポイントはどこ？

「カレーと聞けば、ルウカレーのイメージが一般的。あまり知られていないスパイスカレー専門店を出すなら、カレー好きが集まる場所を選びたかった」。馬屋原さんは山手線内でカレー店が数多く点在する神保町など、街を歩いて物件を探し、実際に内見したのは4店舗。そのなかに、現在の店舗も含まれていた。決め手は窓からの眺望だったという。「おいしいカレーを出すことが一番大切ですが、店でのんびりと過ごせるよう、眺めを重視しました。自分で歩いたことも、ここを見つけられた要因だったかもしれませんね」。

（上）当初は黒だった天井も、明るい雰囲気にするためペンキで、白く塗った。（右）お金をかけたのは、火力の強い業務用のガス台と、たまねぎのすりおろし機だけだという。

◉その3
オープンまでに大変だったことは？

サラリーマン時代は、大きなビルを中心に電気配線、配管などを行う会社に勤務。その経験を生かし、内装工事はほとんど自分で行ったという。「居抜きの物件だったので、使えるものはそのまま。内装工事は、ガス関係は危険だから業者に任せましたが、水道の配管、テーブルの塗装などはすべて自分でやりました。なかでも大変だったのは、天井の塗装。身長が低いので、時間がかかってしまいましたね」。宣伝も、友人や知人とカレーブロガーの人たちにメールを送った程度。「カレーの味には自信があったので、身内から広めていけば何とかなると思っていました。知り合いは何かしら助けてくれて、本当にありがたい存在です」

〈開業資金の内訳〉

店舗取得費	4,000,000円
内装工事費	100,000円
什器費	400,000円
初期仕入れ費・運転資金	500,000円
合計	5,000,000円

HISTORY ●●● オープンまでの歩み

1997年 ▶ 北海道大学に入学。寮の先輩に連れられて店を食べ歩きするうちに、スパイスカレーの奥深さを学ぶ。

1999年 ▶ カレー部を寮で同室になった仲間と復活させて3代目部長に就任。部屋替えまでの半年間、毎日スパイスカレーをつくり続けた。

2005年 ▶ 大阪のスープカレー専門店「はるにれ」のオープンに携わる。仕事の合間に手伝いをしていくなかで、自分の店を持ちたいと強く思い始める。

2006年 ▶ 独立開業を目指して会社を退職。インド、ネパール、アフリカへ、半年間旅行に出る。現地のカレーを食べ歩くのはもちろん、自分でスパイスを購入し、現地の人に料理を振る舞うことも。帰国後、物件探しに着手。

2007年 ▶ 新宿三丁目に「curry草枕」をオープン。

The Shop illustrated

わずか7坪のスペースも手作り感満載でのんびりムードが漂う

寸胴

ベースとなるペースト状のたまねぎはランチ前、ディナー前に仕込み、寸胴にいれたまま保存しておく。

スパイス置き場

調合するスパイスは、瓶詰めにして保存。微調整に使用するスパイスはガス台横に置かれている。

ガス台

火力の強いガス台を設置。火力が弱いとベースのたまねぎのうまみが上手に引き出せないという。

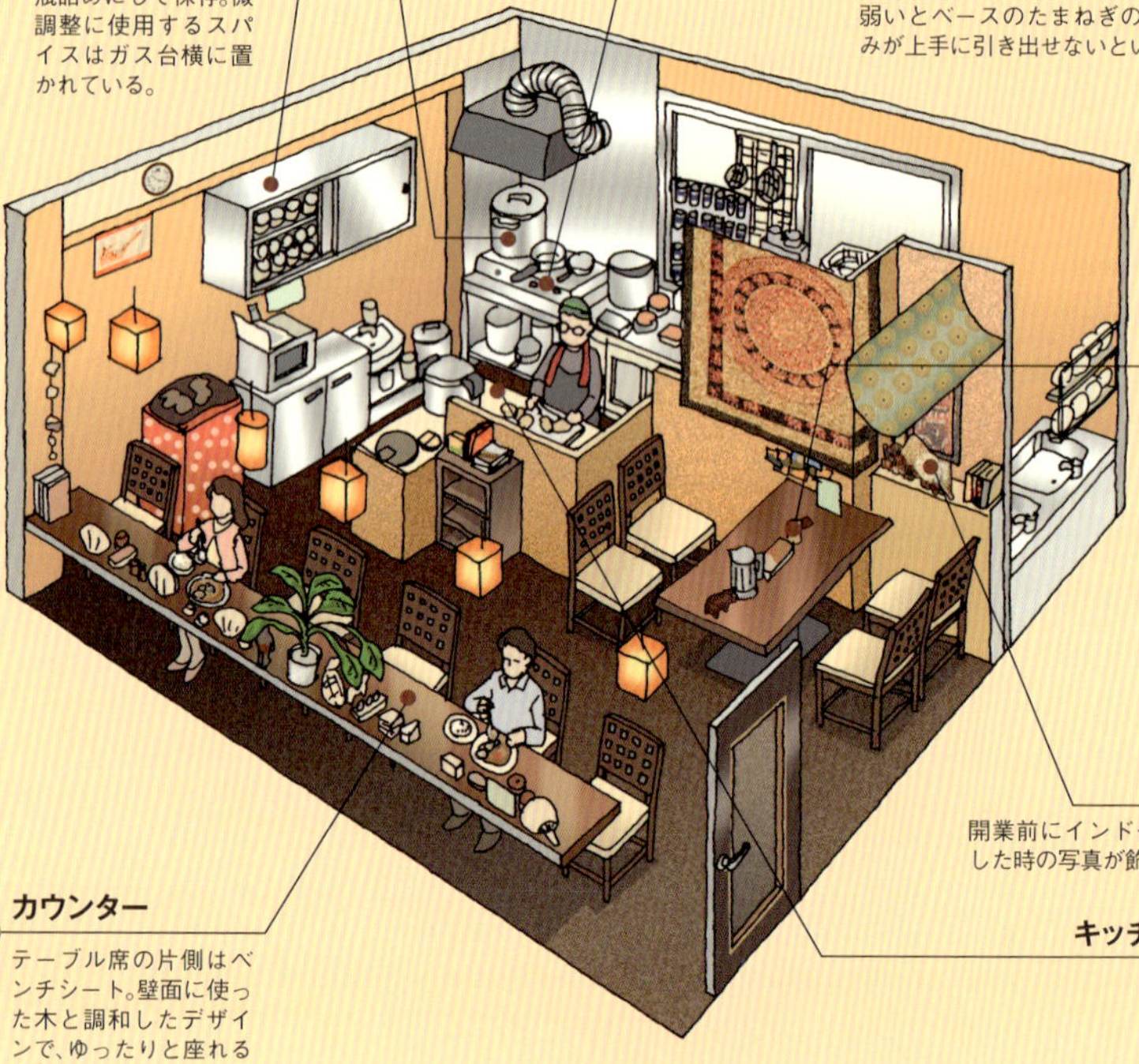

薬味 ②

写真

開業前にインドやアフリカを旅した時の写真が飾られている。

① カウンター

テーブル席の片側はベンチシート。壁面に使った木と調和したデザインで、ゆったりと座れると好評。

キッチンスペース ③

何度となく食べてもらっていましたから。自分が食べておいしいカレーを出せば大丈夫だろう、と強く思っていたのも良かったのかも」。カレー好きだからこその「妥協を許さない探究心」が、自信につながったのだろう。

食材はスーパーや八百屋で仕入れ。スパイスも市販のものを使用。「産地にこだわるなど、良い食材を使いたい気持ちはあります。でも食材にばかり目が行ってしまうと、この店の命であるスパイスの研究がおざなりになり、安定した味を出すことができなくなるかもしれない。食材は安心して使えるものであれば、特別なブランドはいらない。常においしいカレーを出すには、材料よりも『自分が手を抜かないこと』が大事だと思っています」。

たまねぎの甘味とスパイスの風味が食欲をそそる、草枕のオリジナルカレー。何年もかけて納得できるレベルにたどりついたこの味を、これからも大切にしていく。

Owner's Choice

★

カレーへの探究心は今なお健在 スペシャルメニューも必見！

不定期ではあるが、通常のスパイスカレーとは違ったスペシャルメニューも提供している。
「同じカレーばかりつくっていると、自分も飽きてしまうので、たまには違うメニューも出してみようと思って」。

純粋な“大のカレー好き”として、うまいカレーの追求は続けている。

開業から３年。今では、行列ができることも多くなった。しかし店主の馬屋原さんは、謙虚に語る。「友人には『そろそろ２店舗目を考えてもいいんじゃない』と言われるんですが、この店は開店費用の償却が終わり、ようやく軌道に乗り始めたところなんですよ」。客数の伸びを喜びつつ、逆に常連さんが来づらくなったことも少し心配していた。
「チェーン展開で今と同じ味を出すのは難しい。今のところは“維持すること”が大切だと思います」。欲張らず、謙虚な姿勢で経営に挑むことを大事にしたいという。

1

ホームセンターでウレタンニスを購入し、塗装しなおしたカウンター。イスは、居抜きで購入したときにあったものを、そのまま利用しているという。

2

福神漬けと辛さを増したい人用に、カイエンペッパーなど辛味をもつスパイスをブレンドしたものを用意。また、クミンなどのスパイスを小分けにした瓶も用意している。

3

キッチンスペースの囲いも手作り。「ここで作業するのは、仕込みのときがほとんど。あとは、ナスを切るか、トッピングのバターやチーズを刻むときくらいですね」

まだある!!
「curry 草枕」の工夫 1

作業のロスを出さないような設計。開業前に馬屋原さんが心掛けたことだ。当時はアルバイトもおらず、一人で切り盛りしなければならなかった。キッチンスペースも自分が動きやすいように工夫したという。特に流し台は水道の配管を延ばすなど、会社員時代の経験を生かして設置。「店が狭いので、効率よく動けるようにしなければ、忙しいときは余計大変になりますから」。

サラリーマン時代の経験を生かし、内装の整備のほとんどを、自分ひとりで行った。

【DIYでお店をオープン!!】

手間と時間はかかるが、内装をセルフプロデュースすれば、細部まで完全に思いのまま。会社員時代の経験を生かし、内装工事から装飾まで、ほぼ一人で完成させたという店内をチェックしていく。

脱サラ後に訪れたインドやアフリカで店に飾る装飾品を現地価格で購入

カレーの本場であるインドをはじめ、アフリカなどを旅したときの思い出の品々も、店のあちこちに点在している。旅先では、自分でつくったカレーを地元住民に振る舞ったことも。「帰国後に店を出すことは決めていたので、予行演習をした感じです。食べてくれた人のほとんどが『おいしい』と言ってくれたので、うれしかったですね」。

買い替え費用がかかる冷房装置もひと工夫

記録的猛暑だった2010年夏。クーラーの買い替えも検討したが、電源容量不足が発覚し、費用もかさむため断念せざるを得なかった。そこで扇風機を設置して、できるだけ店内を涼しくした上で、店オリジナルのうちわを作成。使わないときにはテーブルの雑貨と一緒に置けるように、シックな色合いにしたという。

色鮮やかなバティックで明るい雰囲気に!

テーブル席の頭上には、ジンバブエで購入したというバティック(布)が飾られている。また、ネパールで購入した旗も。「なにげなく飾っていますが、店の雰囲気にピッタリ合っている気はします。汚れが気になれば別のものに張り替えますし、使えるものは使わないと損ですからね」

市販のティッシュの箱も、布で包むとエスニックな雰囲気に変身。

ランプシェードはネパール紙でつくったオリジナル

ネパールで購入した手漉き紙を使い、店内のランプシェードもすべて自作した。「汚れが目立たない紙を選んだり気を使いながら、一つひとつつくっていくのは大変でしたが、デキはかなり良いと思いますね」と、馬屋原さんは満足げ。近くに大きな画材店があり、小物の工作に重宝しているという。

手漉き紙同様、素焼きの人形も店内に温かみを加えるインテリア。

温もりある小物の数々が安らぎの空間を演出する

装飾品は、海外で購入した物だけでなく、自宅に飾っていた小物類も持参。「友人が買ってくれたものもいくつか飾っています」。

窓際には観葉植物も配置。一枚板の美しいカウンターともマッチしている。

まだある!!「curry 草枕」の工夫 2

窓の横に設置している電気看板も自作したもの。看板は元から付いていたが、店名についてはカッティングシートでつくり貼っている。「近くで見るとわかるのですが、少し文字がはみ出していたりするんですよ。まあ、これも手づくりならではってことで……(笑)」

「curry 草枕」の なすチキン(830円)を大解剖!

さまざまな試行錯誤の後、約10年の月日を経て完成した草枕のカレー。
ここでは、軽く焼いたなすと、やわらかく煮込んだチキンを、
スパイスの風味豊かなカレーで楽しめる人気メニューのレシピを紹介する。

1 味の決め手となるたまねぎは1日に10～15kgを使用

すりおろし機でたまねぎをペースト状にし、寸胴へ入れる。その後、トマト、塩、植物性の油を加え、1時間ほど煮込んでいく。「トマトを入れるのは、ほどよい酸味を出すため」と鳥屋原さん。

たまねぎは、皮むき後に真空保存された状態のものを仕入れている。以前は皮付きで仕込み時間がかかっていたという。「真空保存されたもののほうが温度管理されているので、たまねぎの味にバラつきが出ない。スパイスカレーにはピッタリ」。

手前にあるのが、ふんわりとした風味を引き立たせる調合スパイス。クミン、コリアンダー、シナモンなどをブレンドしている。奥は辛味を出すスパイスブレンド。辛さは1～10まであり、おすすめは3だそう。

2 スパイスは15～16種類を調合

たまねぎペーストに、調合済みのスパイスを加え、カレーの味を調える。

その間、別のフライパンで輪切りにしたナスを表面に軽く焼き色がつくように焼く。ナスはカレーを皿に盛り付けてからのせる。

3 チキン、なすは別の鍋で下ごしらえ

別鍋で煮込んだチキンとトマトを入れてひと煮立ち。

shop data

curry 草枕

住　　所／東京都新宿区新宿3-1-32-202
電話番号／03-6426-2302
営業時間／11:30～15:00、18:00～21:00
定 休 日／月曜、年末年始
席　　数／カウンター６席　テーブル４席
ホームページ／
http://currykusa.com/

curry 草枕 店長からのメッセージ

サラリーマン時代の貯金で開業資金を工面しました。独身で貧乏生活にも慣れていたのもすんなり起業できた一因ですね。損益の分岐点が低ければ多少の苦労があっても成功に近づけると思います。

南インドカレーの魅力を知り 移動販売での起業を決断! 開業から2年で店舗もオープン

移動販売がお店の原点

自分の“将来設計”を考え、起業を決意。その時出会った「移動販売」と「南インドカレー」が彼女を突き動かした。そして多くの友人との出会いに支えられ、「出会い」を意味する店名「MILLAN」でスタート。

オーナーのこだわり

●アツアツのマサラチャイ……店舗メニューのマサラチャイ(200円)は、注文を受けてからつくり始める。香りや風味が落ちるので、つくり置きは絶対にしないという。

●オリジナルの移動販売車……友人がデザイン、塗装まで行ってくれた移動販売車の第1号。移動販売の場所に置く看板などはすべて手づくり。

仕込みは朝8時ごろからスタート。移動販売、店舗を含め1日平均230食のカレーを仕込む。多い日では400食を超えることもある。

素材となる野菜はほとんど国産。しかも「味が異なるのでハウス栽培のものも使わない」という徹底したこだわりを持つ。

ONLY NATURAL SPICE
South Indian curry

南インドカレー
MILLAN
東京都葛飾区

開業時は津村さん1人だったが、今では７人にまでスタッフを増員。「わがままな私についてきてくれる。本当に私はスタッフに恵まれている」と、感謝の気持ちを忘れない。

津村さんが独学で作り上げた、オリジナルカレー。素材の味とスパイスの香りを引き立てるため、油は極力使わないようにしている。

「お客さまを待たせなくない」と、移動販売では、１人のお客さまに対し30秒以内に商品を渡すようにしているという。

旅先で出会った移動販売がきっかけ

「人との出会いを大切にする」。オーナーの津村壇加子さんは、この言葉をモットーにしているという。「ミラーン」という店名も、出会いを意味するＭＩＬＡＮという単語にＬを加え、誰かと誰かが出会い、新しいものが生まれることをイメージしたものだ。

南インドカレーの魅力に取りつかれたのは、インド出身の友人がつくってくれたカレーがきっかけ。「インドカレーは、食べた後、少しもたれる感じが嫌だったんです。でも、友人がホームパーティでつくってくれたカレーは全く違った。その感動を知り、本当の南インドカレーをたくさんの人に広めたいと思ったんです」。

ちょうどそのころ、起業を考えていたという津村さん。「子どもが10歳になり、今後の人生設計を考え始めていたんです。経済的な自立も必要だったので、何かを始めたいと思いました」。

最初は興味のあったフランス関連の仕事と考えたが、縁がないと思い方向転換。偶然に訪れたニューヨークで移動販売にふれ「これだ！」と感じた。

南インドカレーと移動販売を組み合わせ、津村さんはすぐに動き始める。そのときも多くの友人が、津村さんを応援してくれたという。

「ホームステイの受け入れをしていたため、外国人の友人もたくさんいました。その人たちからおいしいスパイスの情報を集め、オリジナルをつくってもらえる会社を見つけ、独占契約をすることができたんです」。ロゴマークの作成、移動販売車のデザインや塗装なども友人たちが、「出世払いでいいから」と快く手伝ってくれたという。

“この店じゃなければ食べられない”それだけを追求し続ける

２００４年の10月、東京・大手町「ネオ屋台村」で移動販売をスタート。当初はインド出身の友人がカレーをつくっていたが、その後1人で店を

移動販売メニュー

「1種盛」600円

移動販売のカレーは、チキンマサラ、スパイシーポークなど日替わりで4～5種類。温泉たまごのトッピング、大盛りは＋100円。

「2種盛」700円

その日のメニューのカレーから2種類のルーを選べる。料金も＋100円と、とてもリーズナブル。

ショップメニュー

「1種盛り」(780円)
「2種盛り」(880円)
「3種盛り」(980円)
のいずれかを選ぶ。

すべてにサフランライスと、サラダかヨーグルトがつく。＋200円でパドゥーラセット(下)にすれば、パドゥーラ(揚げナン)とパパドがつく。

“出会い”を大切にする心が生んだ成功

切り盛りすることになる。そこから独学でのカレーづくりが始まるが、「基本となるものがあったので、カレーづくりで苦労することはなかった。もともと料理が大好きだったし、理数系なので、パズルを組み立てるようにレシピを考えるのがすごく楽しいです」と笑みを浮かべる。

オープン時は3種類ほどだったメニューも、今では限定メニューも含め11種類までに増えた。それぞれにベースが異なり、同じ店で出しているカレーとは思えないほどの風味の違いを味わえる。「カレーはスパイス料理。イタリアンのソースをつくる感覚なので、アイデアは何通りでも出てきます」。移動販売では、11種類のなかから日替わりで4～5種類を販売している。

素材へのこだわりも強い。たまねぎ、ニンジン、カボチャは国産で、旬のものを選んでいる。「うちのサグチキン（ほうれん草のカレー）は冬季限定メニュー。ほうれん草は1年中手に入るので通年メニューにもできるので

お店づくりのワザを学べ!!

◉その1
移動販売を始めたきっかけは？

起業を考え始めたとき、子どもに本場のハロウィンを体験させてあげたいとニューヨークへ旅行した津村さん。そのとき街で偶然、移動販売の店を見て「これだ」と直感したという。「そのころ、日本では、まだ移動販売がメジャーではなかったので、イケると思いました」。移動販売なら、子どもを学校に送り出してから準備ができ、帰ってきた後で片付けができる、という点も決断には大きな要因となった。

デザインの仕事をしている友人が作ってくれた移動販売車のデッサン。実際の車にペイントすることも喜んで引き受けてくれたという。

◉その2
レシピはどうやってつくっていった？

料理好きとはいえ、飲食業の経験がなかった津村さんにとって、レシピの確立は一番苦労したという。「レシピは一所懸命頑張ったからといって、完璧なものができるわけではない。最初は自分の頭の中で、着実なものをしっかりと想像していくんです」。どのスパイスを組み合わせ、どの野菜を加えたらいいかなど、ピースを組み合わせてパズルを完成させるように考えるという。そしてパズルができあがった時点で試作をし、詳しい分量などのメモを取る。「ちょっとのひらめきだけで作ると、材料が無駄になるだけですから」。頭で納得できないものであれば、試作もしないという。

◉その3
移動販売と店舗を両立するコツは？

週2回の移動販売からスタートして、わずか2年で店舗を持つまでになった津村さん。しかし開業当初は、店舗を持つことは考えていなかったという。「はじめから店舗を考えていたら、今のようにはなっていないかもしれません。移動販売が軌道にのり始めたとき、このままではいけないと感じました。店舗を持とうと思ったのはそれからです」。今自分にできるベストを尽くす。移動販売を始めたときからのモットーは変わらない。

現在、移動販売車を4台所有。週に3回は4台フル稼働で販売を行っている。

白を基調にすることで、スタッフは汚れが目立たないように気を配る。

〈開業資金の内訳〉

移動販売車取得費	800,000円
初期仕入れ費・運転資金	700,000円
合計	1,500,000円

※上記の数字は移動販売開始当初のもの。店舗取得時の資金は、店舗取得費などを含めて3,500,000円。

HISTORY ●●● オープンまでの歩み

2003年10月
ニューヨークでデリの移動販売に触れ、起業を決意。

2003年12月ごろ
友人のつくってくれた南インドカレーに魅了され、カレーでの移動販売を行うことを決める。

2004年前半
中古車オークション会場で移動販売車を購入、ネオ屋台村に出店を申請など開業準備が本格化。

2004年10月
南インドカレーの移動販売をスタート。

2006年1月ごろ
店舗取得を計画。物件探しなどを始める。

2006年8月
地元・お花茶屋に実店舗をオープン。

移動販売の現場に密着!

女性らしい気配りで多くの客をひきつける

移動販売をスタートさせた思い出の地、大手町・サンケイビル前のネオ屋台村。開業当初から、毎週水曜日はここで営業している。仕込みを終え、10時過ぎに店舗を出発。午前10時40分ごろには場所に到着し、準備を始める。地面が汚れないようにビニールシートを引き、その上に車を止めるという。メニューの看板はすべて手づくり。わかりやすいポップをつけるなど、女性らしい気配りが随所に見られる。スプーン、ナプキンを置くテーブルにはサービスの駄菓子もある。インド人の常連も多く、中には「毎週水曜日はミラーンのカレーを食べないと調子が悪くなる」という人もいるそう。

販売場所についたら、まず大きなポスターを貼るなど、手早く準備を進めていく。

販売スペースには、その日のメニューが置かれる。常連の場合、何を食べるかすぐにわかるという。

大きな寸胴鍋にカレー、水色のボックスにはサフランライスが入っている。この日は4種類のカレーで約100食分を用意。

作業しやすいように、鍋などの配置を調整。スムーズな接客をするためには重要なポイントだ。

すが、根の部分が赤くなる冬場のほうれん草でなければ、本来のうまみが引き出せないんです」。

油は極力使わずヘルシーに。チキンも一度グリルして、余分な脂分を落としてから煮込んでいる。

行くときは突き進む ダメなときは立ち止まる

移動販売スタートから1年半が過ぎたころ、店舗を持つことを考え始めた。「時間が限定される移動販売に来られない人にも食べてもらうには、店舗をつくったほうがいいと思いました」。

場所ははじめから、葛飾区お花茶屋と決めていた。「生まれ育った大好きな街だったので、多くの人にこの場所を知ってもらいたかった。故郷に恩返しをしたいという気持ちもありました」。

クッションや小物などは自宅にあったものを配置するなど、ホームパーティに招く感じにしたかったという津村さんのコンセプトがしっかり表れている。

「一歩一歩、小さい歩幅ですが、自分の

“家でくつろぐ”がテーマの店舗も魅力

店内は時間がたつのも忘れてしまいそうな、のんびりとした空間になっている。

カレー屋とは思えないアットホームな店内

京成線お花茶屋駅から徒歩2分ほどにある「ミラーン」の店舗。店の外には移動販売車が置かれており、入り口には友人がデザインしたロゴマークがある。店内はカウンター、テーブル含め18席とそれほど広くはないが、白を基調に清潔感が漂う家庭的な空間。「友達をホームパーティに招くような、雰囲気にしたかった」と津村さん。おしゃれなカフェかと見間違う店内だが、カレー店を意識して、食器はすべてインドから輸入したものを揃えている。「カレーを食べにきてもらうのと同時に、お花茶屋という街を知ってもらえれば、うれしいです」。

自宅で使用していたクッションなどを置くことで、くつろげる空間を演出。

友人がプレゼントしてくれた絵。「人との繋がりが表れていると思います」。

スタッフは現在7人。「ヘルシーなカレーを食べているから、誰もカゼを引いたことないですよ」と津村さん。

shop data

MILLAN

住　所／東京都葛飾区お花茶屋1-19-8-107
電話番号／03-3838-2718
営業時間／11:30～19:30(土・祝～20:00)
※移動販売はランチのみ。場所は曜日により異なる。
定 休 日／日曜
席　数／カウンター6席、テーブル12席
ホームページ／http://millan.jp

MILLAN 店長からのメッセージ

絶対に、無理をしないことと、自分のベストを尽くすことが成功への近道だと思います。

うまくいかないときは立ち止まって考える。

周りが見えていないとうまくいくものもいかなくなってしまいますから。

身の丈にあった進み方をしてきました。それに、応援してくれる友人やスタッフがいたから今があるのだと思います」。

店舗の新たなカタチ

自分の店と子育ての両立を、ランチのみの“間借り営業”で実現

「自分が一生続けたいこと」を仕事にしようと、もともと好きだったインドカレー店での修行を開始。結婚とほぼ同時に“自分の店”を開店し、出産、子育てしながらの店舗運営。ランチのみの間借り営業というスタイルが、それを可能にした。

オーナーのこだわり

●生産者直売の野菜……週に2回、店長のマンションの下に生産者が販売に来る野菜などを使用。野菜は店頭にディスプレイし、客寄せに利用。

●お客さまの反応がすべて……開店当初はテイクアウトのみだったが、「目の前で食べて、反応が欲しい」とイートインも開始。「おいしい」のひと言が喜び。

あめ色になるまで炒めたたまねぎをベースに、メニューによりパクチーやニンニク、生姜なども加える“辛さを控えたカレー”。

rico curry

東京都渋谷区

「カレーはハマると毎日でも食べるけど、飽きられるのも早い。日替わりメニューの研究開発など、終わりのない戦いです」。それが魅力で料理人を選んだという彼女。今日も笑顔をスパイスにカレーをつくり続ける。

(上)大きめ野菜がゴロゴロ入った日替わりカレー。カレー激戦区の千駄ヶ谷界隈において、定番の「チキンカレー」と合わせて、ランチのみで毎日35～50食程度の売上になるそう。(下)辛さを控えて素材の旨みを存分に味わえる作りだが、辛さが物足りない人にはオリジナルの辛味を加えるスパイスを。

店内はカウンター席のみで5～8席。エスニック調の掛け物などは私物。毎日、開店時にセッティングしている。

「一生の仕事」として料理人を選び、カレー店で働き始める

「私、欲張りなんですよ」と笑うのは、ランチのみ営業のカレー店「rico curry」を営む女性店主・坂本真美子さん。開業する前には、TV制作会社や音楽関係の事務所など、興味を持った仕事をすべて体験してきたという。そして30歳を目前にして「一生続けたい仕事は何か?」を熟考。「料理人」を志し、もともと好きだったカレーの店で働き始める。

数年後、青山の有名タイ料理店「cay」に移る。その頃には週末限定で、自身でカレーのケータリングを行うようになっていた。そのケータリングが徐々に忙しくなっていき、約3年後、あまりの慌ただしさを見かねた「cay」の料理長より「お店かケータリングか、どちらかに絞ったほうがいい」とアドバイスを受け、将来のことを考えてケータリングを選択。独立を決意した瞬間だった。

ケータリングから独立店舗へ 信頼と人脈で開店を勝ち取る

その後、当然週末のケータリングだけでは生計が立たず、二子玉川の有名カフェでエスニック担当の料理人を務める。そんな頃、「cay」の料理長から神宮前のある物件を紹介してもらう。もともとパンやケーキを販売しているお店の一角で「カレーのお弁当店」をやらないか、という誘いだった。そしてこの誘いは、当時結婚を考えていた彼女にとって「渡りに船」だったという。「自分の店はほしかったけど、結婚もしたいし子どももほしかった。そんな欲張りな希望を叶えられる選択肢が、目の前に現れたんです」。

もちろん運もある。しかし、それまで坂本さんの積み重ねてきた人脈と信頼がなければ、この話はなかっただろう。そしてランチのみのテイクアウト専門店「rico costarica」を開店。家賃も格安で初期投資もほとんどなし。開店とほぼ同時期に結婚し

毎日提供している定番の「チキンカレー」（600円）。ハチミツ、ヨーグルトなどでマリネした、国産の胸肉を使用。

プラスティック製の器に入れてのテイクアウトが基本だが、イートインも可能。

（上）日替わりメニューのひとつ、「団子と野菜のココナッツスープ＋カボチャのカレー」（600円）。毎日20種類以上のメニューから、日替わりを1種提供。（左）店舗に程近い場所に厨房を借り、仕込みを行っている。写真は厨房に準備してあるスパイスセレクトの一部。

たまねぎを炒めて作ったベースに、コラーゲンもタップリ投入。

いくたびもの“出会い”に導かれ 今日も神宮前でカレーをつくる

たが、仕事は支障なく続けることができた。ただし、開店して2か月間は全く採算がとれず、赤字状態だったという。「当時のカレーは、エスニック好きには受け入れられたかもしれませんが、普通のお客さまにはマニアックだった。それに気がつき、試行錯誤を繰り返して現在の『あまり辛くない、素材の旨みを生かしたカレー』にたどり着きました」。オープン3か月後に初めての黒字に転じ、そこから売上は伸び続けた。

店も軌道に乗った開店1年半後、約1年間の休業を経て、前の店と隣接したカウンターバーに間借りして「rico curry」を開店。「今度はお客さまの『おいしい』という言葉を、目の前で聞きたくなった。そこで、新規開店と同時にイートインも始めたんです」。

現在はランチ営業後、夕方には保育園に子どもを迎えに行き、夜は子どもとともに過ごす忙しいながらも楽しい毎日だという。

お店づくりのワザを学べ!!

◉その1

カレー店を開こうと思ったキッカケは!?

もともと青山のタイ料理店「cay」で働いていたときに、週末限定でカレーのケータリングを行っていた。そこで3年が経ったころ、ケータリングの仕事が忙しくなり、「料理長に『ケータリングかcayのどちらかに絞れ』といわれたので、将来を見据えてケータリングの道を選びました」と、坂本さん。当然ケータリングだけでは食べていけず、二子玉川の「peace café」にてエスニック担当の料理人として、期間限定で働いていたところ、開店時の物件を紹介されたという。「ケーキとパンを売っていたお店で、お弁当屋をやらないか、とのお誘いでした」。かくして「rico curry」の前身、「rico costarica」がオープンする運びとなった。

◉その2

"ランチのみ営業" のメリットは？

「rico costarica」のオープンとほぼ同時に結婚。ちなみに旦那さんも料理人である。「自分の店も欲しかったけど、結婚もしたかったし、子どもも欲しかった。『子どもがいても続けられる自分の店』と考えると、ランチのみ営業という今の業態は、非常に都合が良かったんです」(坂本さん)。
さらにカレー店共通の悩みは『ディナー需要をどう喚起するか』である。激戦区でも「カレーはランチ」というイメージが少なからずあり、夜に食べようと言う需要はやはり少ないそう。その悩みから解放されるのもひとつのメリットだろう。

◉その3

開店してから大変だったことは？

既存店をランチ時のみ借りる形なので、開業資金は極端に少なくてすんだ。しかし開店して2か月間は全く売れず、貯金は減っていくばかり。「当時は、インド料理店やタイ料理店で学んだ本格的な"辛いカレー"を出していたのですが、それがお客さまのニーズに合っていなかったんです」。そこから試行錯誤して、今の"辛くないカレー"にたどり着く。「オープン3か月目でようやく黒字になったときは、嬉しかったですね」

もともと夜間にバー営業をしている店舗を借りているため、改装費などはかからず、厨房器具の購入代金のみ。ただし厨房のない店なので、近所に作業場を借りている。

〈開業資金の内訳〉

厨房器具	400,000円
引越し資金・物件初期投資	700,000円
その他	100,000円
合計	1,200,000円

HISTORY ●●● オープンまでの歩み

1997年
▼
社会人になり、TV番組制作会社や音楽関係の仕事など、興味を持った仕事をすべて経験する。

2003年
▼
料理を一生の仕事と決め、もともと好きだったインドカレーの店で働き始める。

2004年
▼
独立を胸に抱きつつ、青山のタイ料理店「cay」で約3年半修行する。

2007年11月
▼
ランチタイムのみ営業、テイクアウトのみのカレー店「rico costarica」オープン。

2009年4月
▼
出産と育児のため、1年間休業。

2010年4月
▼
隣接の店舗に移転し「rico curry」をオープン。イートインも開始する。

rico curry 坂本さんの一日

1 5:00〜11:00 起床、厨房にて仕込み

自宅近くの厨房にて、その日に提供するカレーの仕込みを行っているうちに、7時には子どもが起床。8時までに子どもを保育園に送り出して、再び厨房へ。その日の食材の準備ができたら、ツイッターに写真をアップ。「これをチェックして買いに来てくれるお客さまも、結構、多いんですよ」。

2 11:00〜11:30 リアカーにて移動し、開店準備

その日に仕込んだカレーや食器、店内の器具や装飾などをすべて台車に積み、厨房を出発。作業場からお店までは、徒歩で2分ほどの距離だ。「開店準備は15分程度。基本的に店内調理はしないので、サッと掃除して装飾品と食器、カレー鍋を所定の位置に置いたら、ぼちぼちお客さまがみえ始めます」

Owner's Choice

★

元同僚、夫、大家さん、お客さま 感謝の気持ちを決して忘れない

常に自然体の坂本さんの周りには、さまざまな人が集まってくる。「今の物件も、前に働いていたお店の方から紹介してもらったもの。イートインをはじめようと思ったときに必要になった食器やチャイの入れ物などは、知人バリ料理店のオーナーから譲ってもらいました。開店前も開店後も、さまざまな周りの人たちに支えられながらやっています」と坂本さん。「結婚しても、子どもがいてもお店をやりたい」というムチャな希望も、さまざまな“出会い”に導かれれば、無理なく実現することもできる。感謝の気持ちは、とても言い尽くせないほどだ。そんな坂本さんのひとつの目標は、夫婦で店を持つことだそう。「夫はフレンチの料理人なので、いつか夫婦で自分の店を持ちたい。そのための資金づくりの意味もありますが、それとは別にこの店にはとにかく愛着がある。常に、全力を注いでいます」。

3 11:30〜14:30 ランチタイムのみ営業

天気のいい日には、開店直前にはほぼ毎日行列ができるほどの人気。もちろん盛り付けから接客、イートインの客の後片付けまで一人で行う。営業時間中は、手際のよさと笑顔が命だ。

ちなみにメニューは600円のワンプライス(チャイは200円)で、月商は平均して60万円前後。

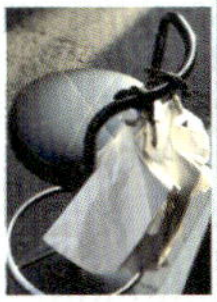

4 14:30〜17:30 閉店して厨房の洗い物や仕込み

店を片付けて閉店し、15:30には厨房に戻って洗い物、および翌日の仕込みの一部を行う。17:30に子どもを保育園に迎えに行き、それ以降はずっと子どもと夫とともに過ごすそう。「子どもの夜泣きがなくなったので、このスケジュールが組めるようになって、すごく楽になりました」と坂本さん。笑顔の裏でも、やはり子育てとの両立には、それなりの苦労はあるようだ。

shop data

rico curry

住　所／東京都渋谷区神宮前2-23-4
電話番号／090-5260-5208
営業時間／11:30 ～ 14:30
定 休 日／土･日･祝日
席　数／カウンター５～８席

rico curry 店長からのメッセージ

開店してからもずっと勉強、勉強！
飽きられないような日替わりメニューの研究など
勉強に終わりはありません。
だからおもしろい！

magnifier

お店の小物使いに注目!

カレー屋さんを開こうと考える人にとっては、
エスニックから洋風まで、インテリアに自由度があるのも魅力。
ここでは、人気店のさりげない工夫に注目してみましょう。

食器やカトラリーがお店を楽しく

スプーンやフォークといったカトラリーをはじめ、食器類は、料理をおいしく見せるものを選びたい。

さらに一歩進んで、店内に置いた際にインテリアになるようなデザインのものを選ぶと、インテリア小物は最小限に留めてもお店が楽しい雰囲気になります。

大量に同じものをそろえる必要がないのは小規模な個人店の強み。たとえ不ぞろいでも、統一感さえあれば、それがかえって個性的と評価してもらえるかもしれません。食器やカトラリー選びの際には、食器卸売業者のカタログを見るだけでなく、街の雑貨店などにも足を運んでみましょう。旅行先などで立ち寄る土産店でも「自分のお店で使えそうなもの」という基準で選べば一石二鳥。柔軟な発想が肝心です。

→温かみのある内装を心がけた「momo curry」(26ページ)では、ヤシの葉で編まれたカトラリー立てを使用。

↓「MILLAN」(66ページ)の白が基調の店内に、ひときわ映えるビビッドな色のコップ。

↓「rico curry」(72ページ)のイートインでは、南国の雰囲気満点のココナッツ製ボウルを採用。

←「Camp」(36ページ)のキッチンと客席の間にずらりと提げられた飯盒は、カトラリー立て。

イスは大事なインテリア!

店舗のイスは、座るための道具であると同時にインテリアでもあります。そのことを強く意識しているのが「momo curry」。素材に木を使ったものという制約をあらかじめ設けて集めたイスは、デザインはまちまちでも統一感が感じられます。店内に入った瞬間に、オーナーの「顔」が見えるイス選びはインテリア上級者のなせる業。

イス選びの際、気をつけたいのはテーブルとの高さが合っているかどうか。高すぎる／低すぎる場合でも脚を切ったりクッションを敷いたりすることで条件をクリアできる場合もあります。

↓少し低すぎるスツールにエスニックな座布団を敷いて高さを調整。

↑座面の赤がお店のアクセントになっている。

→シャープなメタルフレームに木製の座面が温かみをプラスするカウンター用のハイチェア。

←テーブル席用のイスは、ひとつひとつが異なったデザイン。

定番人気の動物モチーフ

置いてあると心がなごむ動物モチーフの小物は定番。すっきりめの内装の「MILLAN」には、象のマトリョーシカが並ぶほか、クッションにも象があしらわれています。旅行先で購入したお土産などをインテリアにしている「curry 草枕」(56ページ)にも動物の置物が多数飾られています。

お店の表情をつくる照明器具

お店全体を明るくすればにぎやかな雰囲気に、間接照明では落ち着いた雰囲気と、照明次第で、お店の表情は大きく変わります。「MILLAN」のコロニアル風、「curry 草枕」の手漉き紙の温かみのあるものというように、シェードでも光の印象が変わってきます。

Interior Pin-ups

お店のインテリア・ピンナップ

ツタを絡ませた木製の鳥かごの存在によって、小上がり席に積み重ねた座布団を単なる備品ではなくオブジェに見せることに成功している「momo curry」。

一つひとつ形や色が異なる素朴な味わいの灰皿を使っているのは「たんどーる」。お店のロゴが描かれ、オリジナルを主張している。

店内にも外にも黒板を多用している「momo curry」。手描きのイラストも可愛らしい。カフェ利用を促すためのコーヒーのイラストはほかでも使っている。

「草枕」のカウンターに並ぶ本は、オーナーの馬屋原さんの愛読書。お店に置かれた本で、オーナーの好みを垣間見るのもお客さまにとっては楽しみのひとつ。

「rico curry」で開店時に壁に掛ける刺繍の美しい布は、インド風かと思いきや実はロシア製。黒一色の壁面を一瞬にして華やかにしている。

「MILLAN」で使用している、コロニアルな雰囲気によく似合う陶製のスイッチカバー。こうした細部へのこだわりが、インテリアの統一感を生み出している。

「MILLAN」では、季節の花を絶やさないようにしている。観葉植物は店内を明るくするが、さらに花は空間を華やかに演出してくれるアイテムだ。

「Camp」の店外に置かれた看板には、アウトドア用のランタンが。外が暗くなる頃にはこの中にロウソクの火が灯され、道行く人を誘う。

夜はロックバーとして営業する店舗を間借りしている「rico curry」では、チベットの旗やカウンターを覆う布などで開店に合わせて雰囲気を変える。

第3章

カレー屋さんをつくろう!

カレーが好き！　というだけでは、経営が成り立つお店をつくることはできません。
お客さまに通ってもらえるようなお店はどのようにしたらできるのか、
メニュー構成やお店の立地、内装など、多角的な視点から考えてみましょう。

コンセプト
設計

自分の理想をコンセプトに落とし込もう

チェーン店から本格的なインド料理店まで、さまざまなカレー店が続々と開店するなかで、個人店にもっとも必要なのはオリジナルなコンセプトだ。

コンセプトの基本は「理想のお店」

全国各地でカレー店が次々と誕生する一方で、すぐに飽きられ、短い期間で消えていくお店も少なくありません。こうした激戦を生き残るには、何度も食べてみたいと思わせるお店づくりが不可欠です。

他にはないお店の個性、コンセプトを明確にすることは、お客さまに「あなたのお店らしさ」を印象づけるための大切な骨組なのです。

まずは「こんなお店にしたい！」というあなたの思いを書き出してみましょう。自分にとっての「理想のお店」が、コンセプトの基本となるからです。あまり難しく考えず、「人が集まるカフェのようなお店」「からだにいいカレー」など、思いつくままに挙げていきましょう。

ある程度イメージがはっきりしたら、お客さまを思い浮かべます。「素早くランチを済ませたいビジネスマン」「美容・健康に気を遣う20～30代の女性」など、具体的に想像するほど方針も立てやすくなります。

お店の個性を整理して客観的にまとめていく

最後に、あなたが想定する客層にとって価値のあるサービスや雰囲気を、ひと言で表してみましょう。すると、「ガッツリ食べたいからボリュームが最優先！」「デートで使えるおしゃれなお店」など、より具体的に見えてくるはずです。

このように魅力的なコンセプトを検討する際、参考になるのが、左ページの「5W1H」です。お店の個性を整理し、それを実現するためにも、じっくりと練り、お店を支える強い柱を打ち立てていきましょう。

明確なコンセプトはお店を支える指針になり、出店する立地やお店の内装、メニュー構成など具体的な方針も立てやすくなります。また、迷った際に立ち返る基本になります。

自分の立てたコンセプトに対して、より客観的な検討を加えるなら、家族や友人に意見を求める、自分の理想に近いお店へ何度も足を運ぶなど、他者の視点を入れることで新たな発想を生むこともあります。

コンセプトの決定まで

コンセプトは、ひと言で表現したお店の個性。
お客さまが足を向けたくなる、食べたくなるようなお店とはどのようなお店なのか、
まずは必要な要素を整理して、じっくりと考えよう。

STEP 1

なぜカレー店を開業したいのか？

自分の動機を再確認しよう

どんなカレーをウリにしたいのか、どんなお店づくりをしたいのかなど、簡単なキーワードや漠然としたイメージだけでも、書き出したり、人に話したりしてみよう。そうすれば、頭の中で夢を描くだけよりも、お店をはじめるまでにやるべきことが見えてくるはず。その際に「ゆずれないポイント」も確認しておこう。

STEP 2

どんなお店をつくりたいのか？

理想のお店をイメージしよう

あなたが考える「理想のお店」には、どんなお客さまを呼びたいのか、どんなサービスや雰囲気が価値をもつのかを考えてみよう。そこから、どんなメニューを提供し、店内レイアウトや内装などにすればいいのかも具体化していくはず。成功事例などと比較することも、ステップ1で描いた夢が現実的かどうかの判断材料になる。

STEP 3

お客さまは何を求めているか？

「5W1H」を利用して来店動機を考えよう

どんなにカレーづくりの腕に自信があっても、お客さまに来店してもらうことが最重要。そのためには、コンセプトを理解してくれるお客さまを獲得する必要がある。カレー店に行きたくなる動機としては、下図のような「5W1H」が考えられる。この中から、徹底してこだわる点と、妥協してもいい点について検討しておこう。

●カレー店に行きたくなる6つの動機「5W1H」

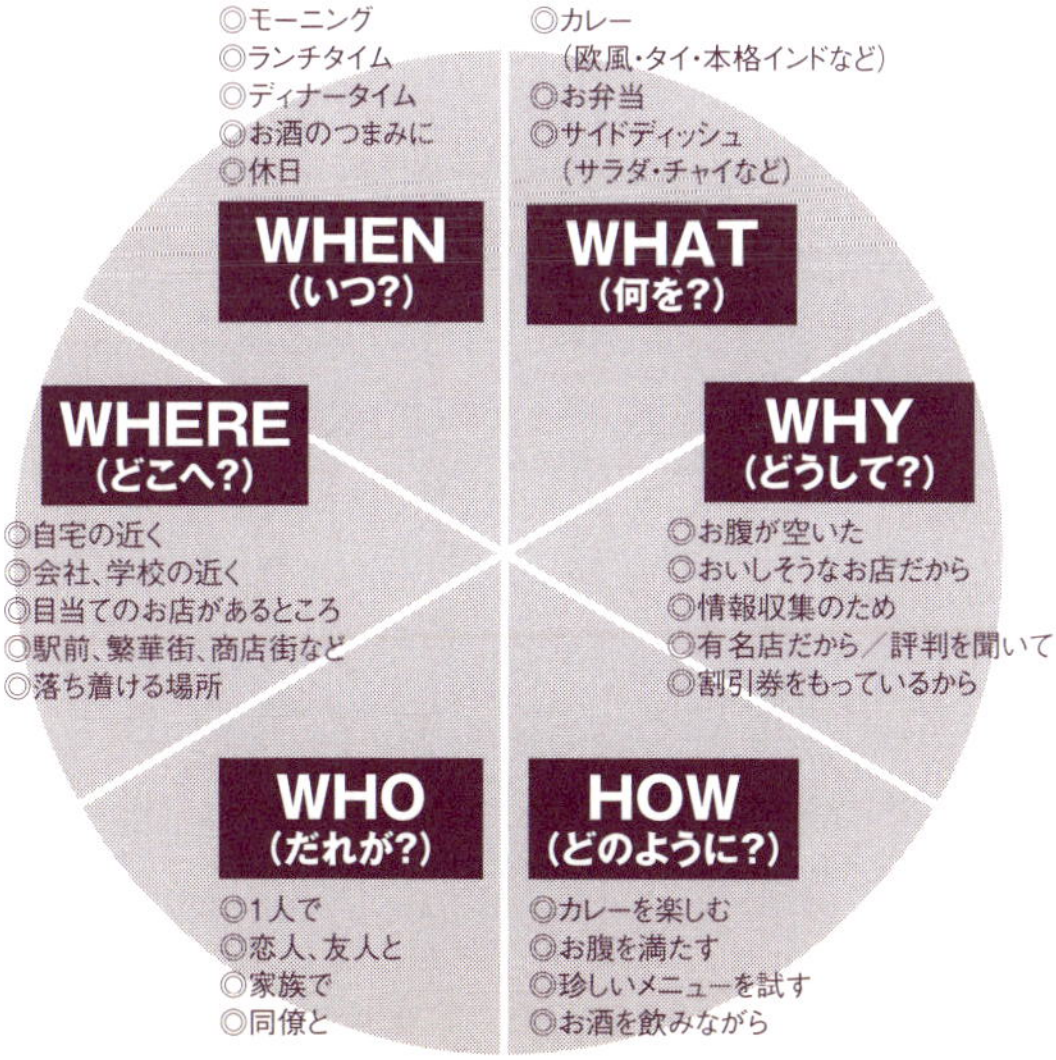

お客さまにとっての3つの付加価値

メニュー

- 味と種類（ベース、具材など）
- サイドメニュー
- 期間限定メニュー
- ボリューム感
- 化学調味料不使用、有機野菜など
- 価格

雰囲気

- スタッフの対応
- 清潔感
- 女性1人でも入りやすい
- のんびりできる
- 活気がある／明るい雰囲気

サービス

- もてなしの心
- スピーディな対応
- わかりやすいメニュー表示
- 女性向けのアメニティ
- 分煙（喫煙時間の設定など）
- おしぼり、ティッシュペーパーの用意

営業スタイル

カレー店には営業の仕方がさまざま！内装やインテリアも含め、考えておこう

大まかなコンセプトが固まったら、次は、どんなお店をどのように営業していくかを決めていこう。イメージを具体的にするほど、この後の作業がスムーズになる。

お店で提供するのはカレーだけではない

おいしいカレーを食べられるお店、というのが第一としても、「お店」である以上、その空間と時間を演出する必要があります。また、経営者になると、お店を開けている時間のほかにも、多くの時間を仕込みや新メニューの開発、経理といった作業にあてる必要が出てきます。

ひと口にカレー屋さんといっても、本格的な料理店ばかりではなく、お茶もできるカフェ形態のお店から、イベントを行うお店まで、さまざまなスタイルがあります。一日のほとんどを過ごす場所になるので、自分が楽しめるようなお店をつくりたいものです。

どうしても資金が不足している場合は、移動販売からはじめるという手もあります。自分のお店をどのようにやっていきたいのか、営業スタイルから見直してみましょう。

内装やインテリアも具体的にイメージ

また、内装やインテリアも、お店のスタイルに深く関わってきます。店舗づくりとは、コンセプトという目に見えないイメージを内装や設備に落とし込む作業です。インテリアデザイナーや店舗デザイナーといった専門職があることからもわかるように、最初から具体的なイメージを完成させるのは、難しい作業です。

専門職の人に依頼するのは、物件が決まってからになりますが、だからといって現時点で内装について考えておかなくていい、というわけではありません。あくまでお店のオーナーは自分です。はじめのコンセプトから、具体的にイメージをしておきましょう。

自分のイメージを伝えやすくするために、スクラップ・ブックをつくっておくと便利です。雑誌や本などで気に入ったインテリアや、家具などの写真を見つけたら、切り取ってノートに貼っておきます。

「こんなお店にしたい」というイメージを固めておくと、この後不動産業者など、ほかの人に作業を依頼するときにスムーズになります。

●店舗デザイナー

飲食店や物販店の内装をデザインする職業。デザインの技術だけでなく、建築・インテリア・家具・設備などの知識があり、クライアントにデザインを提案し、現場管理～完成までを担当する。

とくに資格はないが、建築士資格などを有する人が多い。インターネットなどで店舗デザイナーを探すときには、

「店舗デザイン.com」
http://www.tenpodesign.com/

などのポータル・リンクサイトが役に立つ。

お店づくりで「夢」を実現する

お店の内装といった空間と、
メニューの内容によって、時間配分も異なってくる。
自分の理想に一番近いのはどんなスタイルかを考えよう。

酒棚を設けてバーの機能も

momo curry(26ページ)

学生の頃から「カレー居酒屋」を志したというオーナーの佐藤さん。仲間と3か月かけて手づくりしたという店内は、明るくカフェのような雰囲気を出しながら、カウンター奥の酒棚が、バーであることをしっかり主張している。

タンドール釜で本格炭火焼き

たんどーる(46ページ)

技術を必要とする炭火の本格タンドールを備えたお店では、ナンやタンドリーチキンはこの釜で焼き上げられる。この釜を客席から見えるキッチンの中心に据えたことで、より「食事の店」としての印象を強めた。

間借り営業で子育ても満喫

rico curry(72ページ)

通常はある程度スタッフを育成するまでは子育てはお預けになるものだが、このお店はバーを間借りすることで問題をクリア。シンプルな黒い内装のバーだが、開店と同時にエスニックな小物を飾り付けてカレー屋さんらしさを出している。

移動販売から店舗に拡大

MILLAN(66ページ)

経済的な自立を目指して、移動販売のカレー店開業を決意したオーナーの津村さん。小学生の子どもを送り出してから準備ができるのも魅力だった。実店舗を開店したのは中学生になってからと段階的に拡大して成功している。

●そのほかの営業スタイルのヒント

イベント開催

「人が集まる場所」を目指す場合、イベントの開催を視野に入れてお店をつくることも可能。大きな壁面があればプロジェクター投影で映画の上映会や、壁面をギャラリーにすることも。

ドッグカフェ風

飼い犬がいて、犬好きな人と交流したいと考えるなら、ドッグカフェ風のお店も。公園の近くなどお散歩ルートの近くにする場合と、郊外に広いドッグランを設ける場合が考えられる。

薬膳などのヘルシーなお店

外食がより身近になっている昨今、健康的なメニューを求めるお客さまが増えている。薬膳やマクロビオティックなどの知識を生かしたカレーを提供するお店の場合、内装も自然な雰囲気にしたい。

週末のみ営業

自宅を改装するなど、家賃を気にする必要がない場合には、週末のみの営業も考えられる。平日に別の職業をもっていれば、収入が安定するというメリットも。

技術の習得

修業するか？ 独学か？ 調理と経営のスキルを体得しよう

カレー店の一番の目玉はやはりおいしいカレーに尽きる。包丁使いなどはあまり重要視されないが、どこかできっちり料理を習得しておくことが大切だ。

プロを目指すなら技術の習得は必須

市販のルウを使えば、誰でもそこそこの味のカレーをつくれる時代。多少の小細工では、お客さまは納得してくれません。オーナーシェフを目指すなら「食べ物のプロ」としての勉強と訓練はしっかりやりたいもの。ここでは、大きく3つに分けてその方法を紹介します。どの方法が自分に一番合うかを検討しましょう。

●飲食店で修行

調理技術だけでなく、メニュー構成や予算の立てかた、接客まで「経営の現場」に立ち会えるのが強みです。また、カレーのスパイスの調達先や配合を知るためにも、短期間のアルバイトでも一度はカレー店に勤務してみることをおすすめします。

●専門学校で学ぶ

授業という形で専門的に学べるのが魅力です。実務経験に乏しい場合には、調理のコースだけでなく、経営のコースも受けましょう。

調理のコースでは、器具の名前や使いかたから、食材の性質・調理技術・栄養・歴史・衛生学まで食の世界をひと通り学べ、実習も充実しています。経営コースでは、同じ志をもった仲間ができることもあります。また、店舗づくりに必要な業者を紹介してくれる学校も多いので、人脈づくりに大いに役立つでしょう。

●独学

カレー好きであれば、各自にこだわりがあり、ある程度「自分のつくるカレー」に自信があるかもしれません。周囲にもほめてくれる人が多ければ「これでやっていける」と考えても不思議はありませんし、実際に独学で成功したオーナーもいます。

独学でお店をはじめようとする人にとって、もっとも注意するべきなのはその採算性です。高価な食材を使用したカレーが、おいしくなるのはある意味当たり前のこと。原価率（93ページ）で換算した場合、採算が成り立つかどうかを改めて考える必要があります。

そのほか、メニューの構成など、経験不足ゆえの不明な部分は多くあるので、独学から始める、という場合は必ず経験者に相談してください。

「カレーのプロ」になる方法

自分で調理と経営を行うオーナーシェフを目指すなら、
どちらの技術と知識もおろそかにはできない。
改めて自分の経験を思い返し、ウイークポイントを補う方法を考えよう。

	強み	弱み	アドバイス
飲食店で修行	●お店運営の現場ならではのノウハウを学べる ●メニュー構成や原価計算、接客など、調理技術以外の店舗経営のノウハウを間近に見ることができる ●飲食業界の傾向を肌で感じられる ●お客さまのダイレクトな反応を見る機会がもてる	●技術指導はあまりなく「見て盗め」が常識 ●入店先を選ばないと、自分が目指すお店とかけ離れた店舗やメニュー、接客しかできない可能性がある ●独立時に近隣で開店できない場合がある ●規模が大きく忙しいお店では、分業が進みすぎていてお店全体については把握できない可能性がある	●入店先が自分の理想に合っていることを、しっかりと確認しておこう ●つねに「自分で考え、自分で学びとる」姿勢で仕事をしよう ●仕事で出会う人すべてが同業者。人脈を広げる絶好の機会だということを忘れずにいよう
専門学校	●道具の使いかたから食材の性質まで、基礎的な学習ができる ●ていねいな実技指導を受けられる ●栄養や歴史、衛生など、食に関する幅広い教養を得られる ●同期の友人や、業者紹介などで、人脈が広がる	●実際の店舗で起こっていることについては知ることができない ●「教えてもらう」という受け身の姿勢になりがち ●講師のやりかた以外を知らないまま受け入れることになる ●学費がかかる	●多くのカレー店に足を運び「経営者の目」で実際のお店を観察しよう ●新聞・雑誌やインターネットで業界の動きに目を配ろう
独学	●やりたい勉強や調理技術の訓練を、納得いくまでできる ●自分のペースで、別の職業をもちながらでも進められる ●授業料などがかからない	●技術・経営面ともに、基礎の部分が抜け落ちている可能性がある ●業界ならではの常識や傾向、ノウハウを知ることが難しい ●思い込みや独善主義におちいりやすい	●試食会をより多く開催して、周囲の意見をよく聞こう ●立地や採算、商品構成など「経営の視点」を身につけるため、書籍だけでなく経験者への相談も積極的にしよう

エリアの選定

自分のお店に合う出店エリアを探そう

すべての飲食店にとって、立地は売上を左右する重要な要素。周囲の競合店などの状況も把握しておこう。

立地によってはコンセプトの修正も

お店の立地を選ぶのは、想像以上に重要なことです。お店の繁盛する／しないを大きく左右する要素だからです。では、理想的な立地とは、どのようなものでしょうか。

たとえば、お弁当やランチタイムでの集客を狙うならオフィス街やショップの多い繁華街、ディナータイムや酒類の提供を中心に考えていれば駅前や住宅街などを検討します。

もちろん、人通りが多く目立つ場所にあるほど、飲食店の経営には有利です。しかし、いわゆる繁華街の一等地は家賃も高額。実際、もっとも優先すべきなのは自分のお店のコンセプトに合った人がなるべく多い場所であることです。目立たない路地裏のビルに入った、3階のお店、といった物件そのものの不利な条件は、看板やチラシでカバーすることが可能ですが、お客さまがいない場所ではどれだけ努力しても経営は成り立たないからです。

まずは左ページの表を参考にコンセプトを決めた時点で想定した客層が、どのような場所に多く集まるかを考えて、条件に合うと考えられるエリアを、いくつか選定しましょう。

自分の足で歩いてエリアを調査しよう

このエリアにはどんな人が多いのか、競合店での売れ筋はなにか、確かめてください。インターネットで近隣の店を事前に調べたうえで商圏調査を行えば、実感を伴ったイメージができるでしょう。

また、あらかじめ商圏調査を念入りに行ってから出店する大企業の店舗の有無も、その地域の特性を把握する目安になります。

こうしたデータをもとに土地勘を高めておけば、紹介された物件が本当に好条件なのかを判断することができます。また、あらかじめ商圏の調査ができていれば、あとは店舗前の交通量調査や物件自体の設備などのチェックに専念できます。

面倒だと感じたとしても、この時点で手間を省かないことが、人気店への一番の近道なのです。

●商圏

商圏とは、お店に来てくれるお客さまが居住、もしくは通勤・通学する地域のこと。通常は移動時間を15分程度に見積もり、徒歩で半径1km、自動車で半径3kmといわれている。

エリア別の特性と営業スタイル

大まかなエリアの種類と、客層の特性についてあらかじめ
知っておくことも、立地選びに役立つ。
ただし、個別のエリアには独自の特徴があるため、実地調査は必ず行おう。

立地	特性	営業スタイル
オフィス街	オフィスを中心としたビルが立ち並ぶ地域。12:00～13:00のランチの時間帯にお客さまが集中しやすく、テイクアウトの需要も高い。土・日の集客を見極める必要がある。また、家賃は高額なことが多い。	ランチに需要が集中するので、回転率を高く維持できる、効率的なレイアウトが◎。アイドルタイムには打ち合わせに利用できるカフェとして、ディナータイムにはお酒を飲めるバーとしても利用できる造りにすると、売上を維持できる可能性がある。
繁華街	ショッピングでにぎわう地域は、家賃がもっとも高額になる傾向が。大都市では繁華街ごとに客層が異なる。また地方都市では、大型のショッピングセンター周辺も繁華街にあたる。	買い物客が多い地域では、テイクアウトはそれほど比重が高くならない。また“一見さん”が多くなるため、見た目にアピールする盛り付けや、大型の看板など、目立つ工夫をしたい。子ども連れが多い地域の場合、座敷席やおもちゃなど、子どもに配慮すると利用されやすい。
住宅街	人通りは比較的少なく、休日利用が中心となるが、家賃が低めなのが魅力。周辺住民との関係が大きく営業成績に関係してくる。カレー店はにおいが問題になる場合もあるので、注意したい。	平日に主婦を多く見かける地域は、ファミリーが多く住んでいる証拠。ゆったりとした席でグループ客に対応できるお店が好まれる。また、ライスなしのテイクアウトやデリバリーなど、「自宅でおいしいカレーを食べたい」人向けの営業も可能だ。独身者のベッドタウンである場合、帰宅時に立ち寄れる居酒屋のようなスタイルにも可能性がある。

商圏調査をしてみよう

商圏内の調査には、具体的な数字が参考になる。どのような項目を調べればいいのかを紹介しよう。

●昼間人口
商圏内に通勤・通学する人の数。圏内の事業所や学校に問い合わせて、従業員数や生徒数を教えてもらう。

●夜間人口
商圏内の住人の数。市役所または区役所にある、住民基本台帳を参照する。

●最寄駅の乗降客数
最寄駅で問い合わせる。

●地域の住民の年間外食総費用
総務省統計局内のホームページで、家計調査を参照。
http://www.stat.go.jp/data/kakei/

●市区町村内の飲食店数と年間販売額
経済産業省のホームページで、商業統計を参照。
http://www.meti.go.jp/statistics/tyo/syougyo/

●競合店の数、客数など
商圏内を実際に歩いて競合店を探し、数や客数、メニューを調査をする。

メニュー構成

おいしいカレーは当たり前！エリアの特性を考えてメニューを組み立てよう

カレーの味づくりのために本格的なインドカレーを研究することも大事だが、最優先させるべきなのは、お客さまを満足させることだ。

自慢のベースをアレンジして多彩なカレーをつくり出そう

メニューづくりは、立地の特性に合ったものを心がけるのが一番。たとえば、本格的なエスニックや激辛のメニューは、若い人やカレー通が多く集まるエリアではヒットする可能性がありますが、それ以外の場所では敬遠される傾向があります。

とはいえ「家のカレー」や「チェーン店のカレー」とは異なるお店独自のカレーを柱にしたいもの。極端なスパイス使いをしなくとも、時間をかけてたまねぎを炒めたり、スープをとったりすることで、家では真似のできない味をつくることは可能です。「たんどーる」（46ページ）のように、梅干や味噌といった和の素材を使用して独特の味を生み出しているお店もあります。奇抜さだけを求めるのではなく、あくまでも味を重視しながら、オリジナルの味を追求してください。

また、メニューを構成する際には、お客さまの「選ぶ楽しみ」を考慮しましょう。一般的に5種類以上のカレーがあると「たくさんのなかから選んだ」と感じてもらえます。

幸いカレーは多様な具材に合うため、たとえベースが1種類だったとしても、さまざまなバリエーションを生み出すことができます。牛乳やココナッツミルク、トマトなど、ベース自体の味を大きく変化させる素材を組み合わせてもいいでしょう。

サブメニューでお店の個性を発揮

サブメニューは、メインメニュー以上にお店の個性を発揮できる商品。たとえば、カレーに合う飲み物としてアジアのビールを数種揃え、スパイシーなチャイを準備するだけでも、より「本格的」な雰囲気を演出することができます。

お客さまがどのようなとき、どんな動機でお店に来てくれるのかを具体的に想像するのは楽しい作業です。街で見かけた人、理想とするお客さま像を思い浮かべながら「あの人だったら自分の店で、どんなメニューを頼むだろう」などとシミュレーションしてみましょう。

●試食会

メニューを決める際に、知人や友人を招いて行う試食会も、メニュー決めの際に役立つ。好みが似ている親しい友人だけでなく、さまざまな人の意見を取り入れられるよう人選しよう。可能であれば、エリアのターゲット層と重なる人にも参加してもらえるとなおよい。

メニュー決定までの流れを知っておこう

メニュー構成は、ひと皿のカレーからサイドメニューやドリンク類に至るまで、味はもちろん全体のバランスや価格、オペレーションなど、トータルに考えて決定するのもの。ときには周囲の協力も必要だ。

1 コンセプトを決定する

お店で提供するカレーの種類とともに、内装や規模といったイメージを具体的にする。自分の好みだけでなく、お客さまを想像しながら考えること(82ページ参照)。

2 具体的なメニューを選定する

コンセプトをもとに、メニュー全体の構成を考えてみる。品数は何種類なのか、カレー以外のものや、付け合わせについても検討。

3 試作

実際に調理してみる。まずはおいしさを追求して、盛り付けの美しさ、バリエーションなどを改めて見直す。実際にお店で提供する際に、スピーディーにすべての調理を行えるかも念頭に置こう。

4 名前・価格を決定

コンセプトに照らし合わせて、名前と価格を決定する。わかりやすく、客層に合った名前はどのようなものか、また適正な価格はどの程度かも考慮(92ページ参照)。

5 試食会の開催

友人や知人を呼んで、試食してもらい、味や価格についての意見をもらう。オペレーションが可能かもわかるよう、実際にお店で行う予定の仕込みのみをしておき、注文を受けて提供してみよう。

6 分析、再構成

試食会で受けた友人や知人の評価をもとに、メニューを再構成する。料理そのものの味付けと、メニューの品数や構成について再度考えよう。

7 試食会を再度開催

前回と同じメンバーに、再度の試食でメニューの改善を確認してもらう。新しく加えた料理はどうかも含め、全体的に評価してもらおう。

8 メニューの決定

納得したメニューができるまで、試食会を繰り返してようやく完成。オープンから1か月程度は、スムーズな運営ができるよう、品数を減らしておくことも検討しよう。

メニューの価格設定

原価率と相場からメニューの価格を決定しよう

すべての飲食店にとって、立地は売上を左右する重要な要素。周囲の競合店などの状況も把握しておこう。

単純計算の利益にとらわれすぎないこと

お客さまがお店を選ぶ際の大きなポイントとなる価格。しかし、安易に価格を下げすぎるのは危険です。適正な価格とはどんなものか、まずは原価率から計算してみましょう。スパイスを多く使うカレーでは、ひと皿あたりの原価を割り出すのは面倒に感じるかもしれませんが、きちんと材料を計ればそれほど難しくはありません。

一般的に、飲食店の原価率は30～40%が目安といわれており、カレー店の場合も同様です。たとえば、原価200円のカレーを価格700円で販売すると原価率は28・5%となります。価格マイナス原価、つまり粗利益は500円となりますが、「ひと皿売れば500円の儲けになるのか」と早合点してはいけません。家賃や光熱費、人件費などの経費を引いた分がようやく「儲け」の部分、つまり純利益となります。このため、原価率を引き上げるのはおすすめできません。

お店の顔となるメニューの原価率を高めにし、ドリンクやサイドメニューを低めに設定するなど売上全体で原価率を30～40%に収められるように考えてみましょう。

お客さまのニーズから適正価格を見極める

カレーの原価の大きな部分を占めるのが具材。以前にはアワビや伊勢海老といった高級素材を使用したカレーが人気を博したこともありますが、最近の傾向として、一般的にはヘルシーな素材に人気が集まっています。ほとんどの場合、肉や魚介類よりも野菜のほうが安価なことが多いので、これは歓迎すべき傾向といえるでしょう。

大切なポイントは、お客さまが何を求めているかということです。価格は高めでも味を追求する、利益を抑えて多くの注文をさばくなど、エリアやターゲットによって適正な価格や原価率は異なってきます。

お店のコンセプトや相場も踏まえて、各メニューの最適な価格を設定しましょう。

●原価率

商品の値段に対する原材料の価格のこと。1000円のメニューをつくる材料費が300円だとすると、原価率は30%となる。在庫や廃棄分の価格は原価率には含まれない。そのため、廃棄などによるロスでメニューの販売数が予定より減った場合、実質の原価率が上がってしまうので注意が必要だ。

原価率と価格の関係

価格決定の際に原価率は重要な要素。
しかし、原価率を抑えたメニューが、必ずしも一番利益を生むとは限らない。
豆カレー、有機野菜カレー、ポークカレーを例にとって、原価と粗利の関係を見てみよう。

	豆カレー 750円	有機野菜カレー 850円	ポークカレー 950円
原価	250円	270円	330円
原価率	33.3%	31.7% ←低め	34.7%
粗利	500円	580円	620円 ←高め

Point 売上を伸ばすことを目的に、柔軟な価格設定を

上の表の原価率からいえば、有機野菜カレーが利益を生むことになりますが、実際にはひと皿当たりの利益はポークカレーのほうが大きいことがわかります。つまり、同じ皿数を売るのであれば、ポークカレーのほうが利益は大きいのです。

では、ポークカレー専門店にすればいいのかというのも単純です。近年の傾向からいえば、食の安全という観点から有機野菜カレーのほうが人気が高くなる可能性もあります。また、価格競争の激しい地域では、豆カレーのほうが売れるかもしれません。

お店の経営にとって、最終的に一番重要なのは利益を上げること。原価率はあくまで目安と考え「一番売れる」メニューを考えましょう。

わかりやすい価格設定がランチには人気

忙しいランチの時間帯、特にテイクアウトの場合には、わかりやすい値段設定にするのが基本。ランチ営業のみを行う「rico curry」（72ページ）は2種類のカレーが各600円。日替わりメニューは多少原価率にバラつきが出るが、問題ない。

移動販売を行う「MILLAN」（66ページ）ではさらに、出店場所によって価格を変えているという。事前に周囲のお店の価格を調査して、適正な価格を算出しているのだ。またこのお店では、カレーの種類を1つ増やした「2種盛り」と、通常のカレーの価格差は100円。ひと皿当たりの原価率は若干下がるが、売上は増えるため、お店としては「2種類」の注文を歓迎している。

「MILLAN」の移動販売メニュー「2種盛り」は、通常の「1種盛り」に100円プラスした700円。

人脈づくり

周囲の人の協力をあおいでお店づくりを成功させよう

料理の腕だけではカレー店を開くことはできない。店舗のつくり方や食材の仕入先など自分には知識やノウハウのない分野では、周囲の協力も必要だ。

プロジェクト・リーダーとして周囲の協力をあおぐ

たとえ小規模だとしても、お店をオープンするということは一大プロジェクト。あなたはそのプロジェクト・リーダーです。アイデアを膨らませ、形にするまでのプロセスでは、たくさんの問題が発生します。いままで付き合いのなかったような、さまざまな業種の人と交渉し、協力してもらいながら事を進めなければなりません。

たとえば物件探しは不動産業者、店舗の設計は店舗デザイナー、内外装工事はその専門業者、広告・宣伝はデザイン会社や広告代理店などと打ち合わせをし、新たに取引をしなければなりません。業務用の厨房機器や、調理器具は少しでも使い勝手の良いものを選べるように情報を集め、どの産地の野菜がおいしいのかなど、仕入先を知ることも必要です。

人とのつながりがオープン後にも助けになる

以前の職場の同僚や取引先の人、学生時代の友人、近所の人などの顔を思い浮かべ、情報が得られそうな人がいたら開業する意志を伝えてみましょう。

良い仕入先や施工業者の見分け方、大まかな作業工程、価格の相場といったことが少しでもわかれば心強いですし、カレー屋さんをはじめたいというあなたの思いに共感して、積極的な協力を申し出てくれる人もいるかもしれません。

協力を得たからといってすべてが良い方向に向くということはありませんが、開業後も人脈に助けられたというオーナーはたくさんいます。新しい食材を紹介してもらったり、知り合いのミュージシャンに頼んでライブイベントを開催してもらったり、お店にアート作品を飾らせてもらったり、ワークショップを開催したり……。人脈を生かして企画を立て、お店でイベントを開催するなどして、集客に役立てているのです。

自分1人でできることは限られています。周りの人の協力を仰ぎながら、自分ならではのお店をつくりあげてください。

●知人への相談

個人的な付き合いがない人でも、相談をもちかけると案外きちんと考えてくれる場合は多い。その場合、単に「どうしたらいい?」ではなく、たとえば業者を紹介してほしいなど、具体的に相談するのがポイント。その人から具体的な情報が得られなかったとしても、お店を開くことを告知するいい機会でもある。気後れせずに、どんどん連絡をとってみよう。

これまでの交友関係を見直してみよう

親しい友人やパートナーなど、身近な人への相談はすでにしている人も多いだろう。
しかし、お店づくりをするためには、もっと広範囲な人の協力が必要になる。
これまで関わりのあった人を、思い返してみよう。

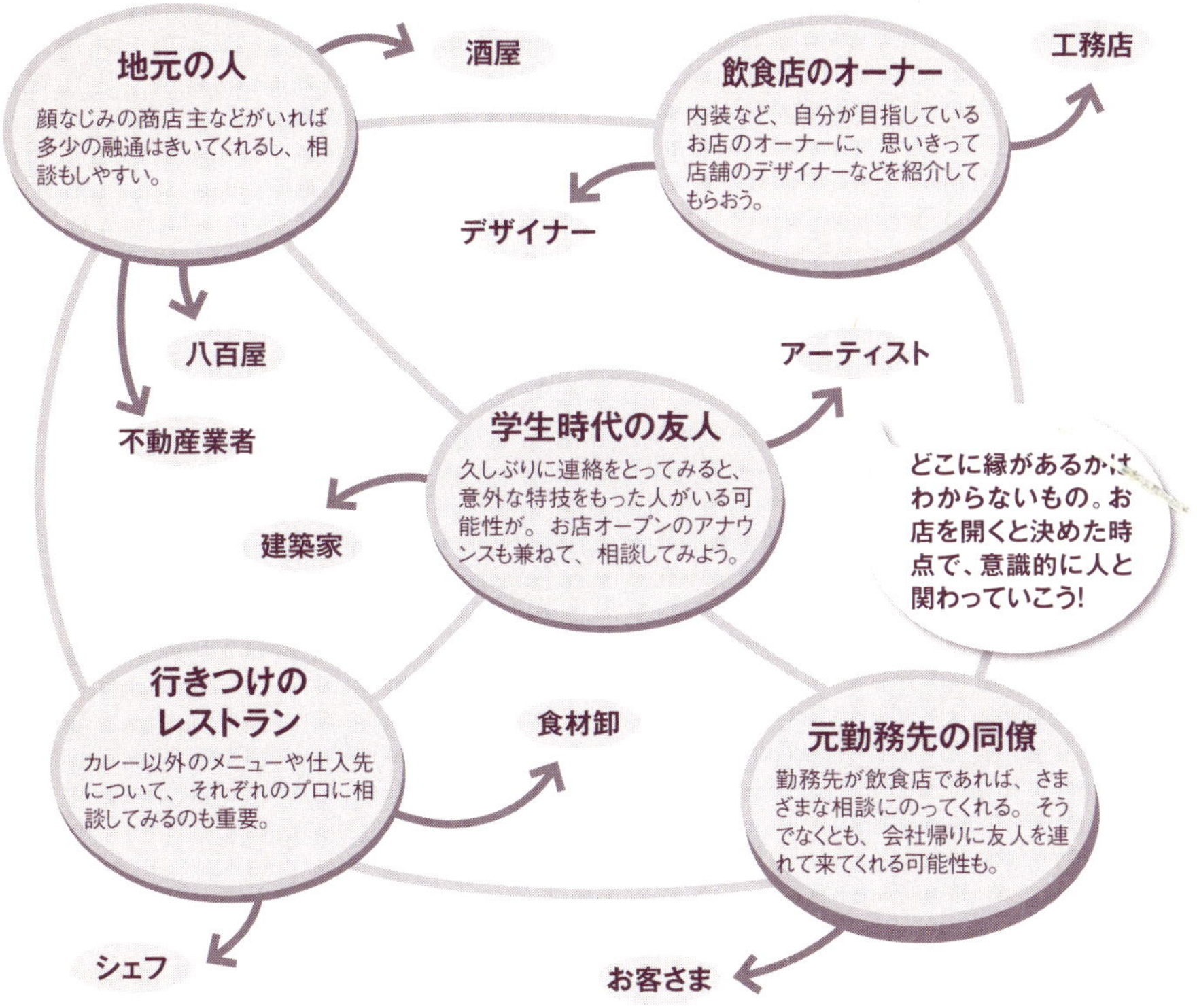
地元の人
顔なじみの商店主などがいれば多少の融通はきいてくれるし、相談もしやすい。
酒屋
八百屋
不動産業者
飲食店のオーナー
内装など、自分が目指しているお店のオーナーに、思いきって店舗のデザイナーなどを紹介してもらおう。
工務店
デザイナー
アーティスト
学生時代の友人
久しぶりに連絡をとってみると、意外な特技をもった人がいる可能性が。お店オープンのアナウンスも兼ねて、相談してみよう。
建築家
どこに縁があるかはわからないもの。お店を開くと決めた時点で、意識的に人と関わっていこう！
行きつけのレストラン
カレー以外のメニューや仕入先について、それぞれのプロに相談してみるのも重要。
食材卸
シェフ
元勤務先の同僚
勤務先が飲食店であれば、さまざまな相談にのってくれる。そうでなくとも、会社帰りに友人を連れて来てくれる可能性も。
お客さま

サポーターの存在がお店を成功に導く

人脈はお店成功のキーワードといっても過言ではない。お店の特色が、それまで培った人脈で決まる場合も多いのだ。たとえば移動販売を行う「MILLAN」（66ページ）は、外国人の友人にスパイスの情報をもらい、仕入先を見つけることができた。また移動販売車などのデザインや塗装も出世払いでいいと引き受けてくれた友人たちがいたという。

店舗の内装工事をすべて自分たちの手で行った「momo curry」（26ページ）の場合、知人の木工職人や大工さんが、あたたかみのある内装に仕上げてくれたという。また、開店直後、お客さまが少なかった時期には、友人や知人が来店してくれ、経営的にも精神的にも大きな助けになってくれた。

積極的に人脈を広げたのは「Camp」（36ページ）のオーナー。独立を決めてから飲食チェーン店に入社して、人に知り合うたびに創業計画書を見せて相談を重ねた。このことが、カレーの要となるソースづくりに役立ったという。

限定メニュー

季節限定のメニューや内装で いつでも「旬なお店」にしよう！

定番のカレーが人気でも、メニューや店内の様子に変化がまったくなければお客さまに飽きられてしまう。常に新鮮なお店を目指そう。

変わらない部分を残しつつ常にメニューを変化させる

オープンしたての頃は、お店の存在自体が新鮮。その新鮮さに惹かれたお客さまに、味を気に入ってもらえれば、リピーターになってもらえる確率は高いでしょう。しかし、メニューや内装にまったく変化をつけなければ、じきに飽きられてしまいます。「しばらくいいや」と、年に1～2回しか訪れてもらえないようでは、経営が不安定になります。

とはいえ、コロコロとメニュー内容や内装を変えるのは考えもの。お客さまはリピートするお店に「変わらない安心感」も求めています。

では、変わらない安心感と新鮮さは、どのように両立させたらいいのでしょうか。

一番に考えられる方法は、メニューの一部を定番に、一部を日替わりや季節限定メニューなど変化のあるものにすること。たとえば体を温めるショウガをたっぷりと使ったカレーを冬季限定メニューとするなど、季節感のあるカレーを1品だけでも用意できるといいでしょう。

カレーのベースを数種類用意するのが難しくても、旬の具材を使用してみたり、トッピングに変化をつけるなど方法にもいろいろとあります。トレンドを取り入れたメニューもいいでしょう。店内やメニュー表に掲示される、こうした限定メニューが変わるだけでも、お客さまは変化を感じ取ってくれるはずです。

インテリアにも季節感を加える

また、インテリアも定期的に変更することをおすすめします。仮に「夏にぴったりな明るくて開放的なお店」という印象を与えている場合、涼しくなった途端に客足が途絶える、という可能性があるからです。

大げさに考える必要はなく、たとえば窓ガラスを飾るシールで、秋なら落ち葉のモチーフ、冬なら雪だるま、といった飾り付けをしたり、窓辺に飾る小物類を定期的に入れ替えるだけでも構いません。花を咲かせる、葉の色が変わる植物を置くだけでも、季節感がアップします。

●トレンド

時代の潮流、流行のことを指す。おもに流行しているものを指すが、長期的にみた人々のニーズや、時代が求めるものを捉え、次の企画に生かすという意味合いでも使われる。

飲食業界のトレンドは、景気の動向やファッションの流行に影響されることも多い。トレンドを味方につけるには、飲食関係だけでなく、幅広い分野に目を向けることが必要だ。

いつ行っても新鮮! 人気店の工夫

何度でも訪れたくなる人気店に共通しているのは、
カレーの味のよさも当然のことながら、
いつでも新鮮さをアピールする工夫だ。そのアイデアをのぞいてみよう。

定番＋日替わり3種のローテーション

MILLAN（66ページ）

移動販売は、同じ場所では週2～3回にとどめている「MILLAN」。このため「○曜日に食べられる」と心待ちにするリピーターも多いそう。また、レパートリーは10種ほどあるが、すべては出さず、定番と日替わり数種類の組み合わせをローテーションさせている。

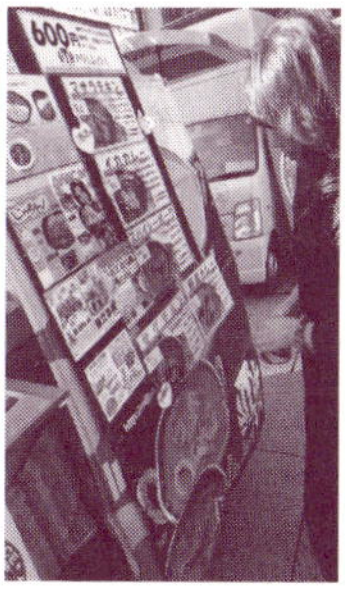

オープンキッチンは常に炎のライブ中

Camp（36ページ）

「野菜を食べる」がコンセプトのお店では、注文を受けると、野菜をオープンキッチンで炒めることから調理スタート。中華鍋を使用して、強火でボワッと炎を上げるのは、計算されたパフォーマンス。いつでも「できたて」の新鮮さをアピールしている。

翌日使う野菜をお店の前に展示

rico curry（72ページ）

千葉や鎌倉の有機野菜を多く使用している「rico curry」。テイクアウトは、店舗で調理をしていない。このため、間借りしているバーのスツールを利用して、翌日使う予定の野菜をディスプレイ。この野菜を見て、明日も来ようと決めてくれるお客さまも多いという。

ギャラリーと黒板で壁面をリフレッシュ

momo curry（26ページ）

白く大きな壁面を、ギャラリーとして貸し出している「momo curry」。収益だけでなく壁面の定期的なリニューアルもできるこうした壁面の貸し出しは、場所の条件がよければ、ぜひためしてみたいサービス。また、店内に掲げられた黒板メニューにも、季節感のあるイラストを添えている。

ディナータイムへの誘導

「ランチ」のイメージが強いカレー店はディナータイムを意識したお店づくりを

カレーは、ひと皿で完結し、かつ手軽に食べられることからどうしてもランチのイメージが強い料理。ディナータイムへの誘導をお店づくりから考えてみよう。

ディナーにもなるカレーや料理を考えておく

手軽にお腹を満たすことのできるメニューとして人気のカレーですが、どうしても昼食の印象が強いようです。実際、ランチタイムには行列が絶えないお店でも、夜に行列を目にすることはほとんどありません。そればかりか、ほとんどお客さまが入らないというお店もあるほど、ランチタイムとディナータイムの間には差ができます。

移動販売や間借りなどの業態で、はじめからランチタイムのみと割り切って営業することも可能ですが、家賃が発生する通常の店舗を借りながら、ランチ営業のみで採算をとるのは至難の業。ディナータイムへお客さまを誘導する方法を、今のうちに考えておきましょう。

たとえば、カレーそのもので「夕食になる」というイメージのメニューを考えてみましょう。大ぶりの肉や濃いめの味つけなど、お昼には重たいと感じるようなメニューでも、ディナータイムには食べごたえのある立派な食事になります。こういったメニューを、ディナータイム限定で提供することが考えられます。

内装では、お店の「昼の顔」と「夜の顔」を意識して

酒類の提供は客単価アップが見込め、回転率をあまり気にしなくてよいのもメリット。最初から店名に「バー」という名前を入れて、豊富な酒類を置いておけば、お客さまには「むしろ夜に行きたいお店」として認識される可能性もあるでしょう。

おつまみメニューは、あまり品数を増やしすぎず、基本はカレーが中心というのがわかるように用意しましょう。もう一度コンセプトに立ち返りつつ、ベストなバランスを見極める必要があります。

また、お店の「昼の顔」と「夜の顔」を意識した内装も考えてみましょう。

たとえば窓が広く、昼間は開放的な空間であれば、夜には間接照明を利用したくつろげる雰囲気を演出して、窓から見える店内の「夜の顔」を通行人にアピールしましょう。

●サービスでディナータイムを充実

夜間のみ使用可能な割引券をランチタイムに配ったり、無料ライブを行ったりと、お客さまの意識をディナータイムに向ける工夫はいろいろと考えられる。

また、テイクアウトや宅配サービスなど、伸びている中食（調理済みの食品を自宅で食べること）の需要にこたえることも、ディナータイムの売上アップにひと役買う可能性があるだろう。

ディナータイムにお客さまを誘導する

夜間の集客が経営のカギとなるカレー店。
お客さまのディナータイムへの誘導は、
メニューとお店づくりの両面から行うことができる。

ボリュームたっぷりの肉料理を提供

たんどーる（46ページ）

食べごたえのある「タンドリーチキン」をはじめ、ナッツとヨーグルト、スパイスの効いた「チキンマライティッカ」などタンドール釜を使用した炭焼きメニューが充実した「たんどーる」。
ビールに合う味と、ディナータイムに人気だ。

低位置からの間接照明が、落ち着いた夜の空間を生む

momo curry（26ページ）

一升瓶の並ぶ酒棚が印象的な“カレー居酒屋”。小上がり席は間接照明が中心で、ゆっくりできる雰囲気に。
低い位置からの照明は、部屋を広く見せる効果もある。

テイクアウトや宅配など売上アップの可能性を探ろう

外食産業全体の売上高が低迷を続けている近年、業績を伸ばしているのが「中食」の分野。調理済食品のことで、コンビニの弁当や宅配ピザなどもこれにあたる。食費を切り詰める方法として、自炊よりも外食を中食に切り替える人が増えているのだ。

今後も需要の増加が見込まれるテイクアウトや宅配の可能性も、探ってみてはどうだろう。

ただし、宅配の場合には配達するための人員を確保する必要がある。夫婦で営業していてディナータイムに必ずしも2人お店にいる必要がないなど、人員にゆとりがあるようなら、ためしてみる価値はあるだろう。

移動販売から実店舗を開店した「MILLAN」（66ページ）では、テイクアウト専用のカウンターを設置。ディナータイムの利用も多いという。

食材の仕入先

小回りのきく規模を生かしてリーズナブルな食材を仕入れよう

一度に大量の仕入れを必要としないのが小規模な個人店の特徴。それを最大の強みとして柔軟な仕入れをしてみよう。

まずはメインとなる取引先探しから開始

お店を長く経営するには、上質な食材を最適な価格で安定して仕入れることが大切です。

さまざまな食材を低価格でまとめて仕入れるのに最適なのが、卸売業者の利用です。供給体制が確立されているので品切れなどの心配が少なく、品質も安定しています。ただ、大手業者の場合、少量の注文に対応していないこともあるので問い合わせてみましょう。また、取引実績が重視されるため、はじめのうちは現金決済を求められる場合も。

最近はほとんどの業者がホームページを持っているので、まずはインターネットを利用してどんな業者があるのかリサーチしてみましょう。

取引先を決める際は複数の業者から見積もりを取りましょう。安さだけでなく、品質と価格のバランスはどうか、対応の良し悪しなど、総合的に比較することが肝要です。

直接生産農家に足を運び、信頼関係を構築

少量の仕入れに便利なのが精肉店や青果店などの小売店。ロスを削減できるうえに、バラ売り商品を利用して足りない食材を補充したり、値下げ品を翌日の日替わりメニューに利用したりと細かい融通が利きます。

個人店向けのインターネットの通販サイトも少数からの注文に対応しており、種類も豊富です。仕込みの手間が不要な加工済み食品をサイドメニューに取り入れるなど、工夫次第で効率よくお店を運営する手助けになるでしょう。

「放し飼い鶏の卵や完全無農薬野菜など、安全な材料だけを使用する」といったお店のこだわりを追求するなら生産農家や生鮮市場などに直接足を運んでみるのもひとつの方法。常連になることで人脈が広がり、新たな仕入先の開拓に繋がる可能性もあるため、通ううちに良質な食材や価格の相場を判断する力も培われるはずです。定番メニューに使用する具材は業者に、限定メニューに使うものは小売店や生産農家など使い分けを考えるとよいでしょう。

●良質な食材や価格の相場を判断する

食材に対する審美眼を磨くのにうってつけなのが食品の展示会。メーカーや卸売業者、生産者などが一堂に会しているので、短時間で多くの業者を比較検討することができる。

仕入先の選定方法

ひと口に仕入先といっても、食材の種類や仕入れる量によって
さまざまな業者が考えられる。再度メニューを見返しながら
自分のお店に一番合った方法を検討しよう。

複数の業者を比較検討する
食材の価格や質、量などさまざまな視点から候補を選ぼう。より適正な仕入れのためにも3社以上から比較検討するのが望ましい。

→

サンプルを依頼する
配送もしくは自ら出向いてサンプル品をチェック。必ず自分の目と舌で確認すること！

→

業者を絞り込む
価格だけでなく、仕入れ日や分量の融通が利くか、担当者の応対や取引実績なども考慮しよう。

→

契約成立！
配送形態や配送日時、決済方法について最終調整を行う。

●卸売業者、市場など

食材を大量に仕入れるのに適している。仕入れ日や価格、品質や数量などが安定しているので安心して仕入れができる。
市場での買い付けの場合、食材を自分の目で見て購入できるというメリットも。
大手業者の場合、小ロットでの注文を受け付けていないことも多い。また、支払い実績が重視されるため取引開始から数か月はクレジット決済を認めない業者もある。取引前に運転資金に問題はないか確認しよう。

●生産農家

生産農家と直接取引する最大のメリットは、生産者の顔がわかる安心感。産地や生産者から直送するため、中間マージンが発生せず比較的低価格で仕入れることができる。
取引を行う前に何度か生産者のもとへ足を運び、食材の質や生産者の人柄、サービスなどを確認することが大切だ。生産地のJAや各自治体の観光課などに問い合わせると、詳細な生産者情報が得られることもある。

●小売店

精肉店、青果店などの小売店は、日持ちのしない食材や、少量での仕入れの際に役立つ。近くに馴染みの店があれば在庫を切らした際もすぐ補充できて安心。配達やバラ売りのサービスなど、細かいニーズに対応してくれるのも嬉しい。
デメリットは品切れの心配があること、小売値なので割高になりがちなこと。

Point

インターネットの通販ショップやプロ用のカタログなども上手に活用しよう！

少量から注文でき、仕入れの時間と手間が省けるのがメリット。全国各地の食材を扱っており、種類も豊富に揃っている。

旬の素材を利用して日替わりメニューをつくる

安く効率的に食材を手に入れるテクニックも必要だが、一番大切なのは、お店らしさが生きる食材をそろえ、コンセプトを表現すること。そのためにも、上に挙げた仕入先を上手に組み合わせたい。

特に生産農家の場合、旬の素材を比較的安価に仕入れられるのが魅力。その反面、一定の量を安定して仕入れることが難しいという側面も。

こうした仕入先からの食材を、お店の「変えない部分」、定番メニューに使うのは危険だが、日替わりメニューに生かすようにすれば、旬のおいしい素材を気軽に取り入れることができる。そのためにも、普段からさまざまな食材とスパイスの相性を研究しておこう。

「curry 草枕」（56ページ）では、北海道産の特別栽培米「大地の星」を使用。粘りけの少ない固めの炊きあがりが、カレーにぴったりだという。

スパイスを使いこなす

スパイスを制すものがカレーを制す！オリジナルのベースを研究しよう

カレーはスパイス料理だといわれる。家庭の味とは一線を画すスパイス使いを光らせることがカレー専門店の繁盛の鍵を握っているのだ。

スパイスとスープの組み合わせでつくる極上ベース

カレーの味は、スパイスとスープの組み合わせで決まるもの。オリジナルのスパイスブレンドを完成させれば、料理はほぼできたようなものだといえます。

数百種類以上あるスパイスから、数十種類を選び出し、その配合を決めるという作業は、ある程度の知識がなければできません。まずはおいしいと思うカレーのレシピを探してみましょう。

そこから自分のオリジナルを探る研究がはじまるといえます。スパイスを煎る時間やタイミングを変えてみたり、加えたい、あるいは反対に減らしたいスパイスを足し引きしてみたりしましょう。その際、必ずノートを取ることも忘れずに。せっかく「これだ！」と思う配合を見つけたのに、目分量だったために同じものがつくれないのでは、お店に出すメニューのレシピにはなりません。なるべく早く目指す味をつくり出すためには、手間を惜しまないことが一番の近道なのです。

意外な素材の組み合わせが、おいしさを生むことも

ベストな配合のスパイスを、カレーというメニューに仕上げるには、ここにスープや具材を加える必要があります。欧風カレーであれば小麦粉を加えたルウにする過程も。スープとスパイスだけであればサラサラのスープカレーに、じっくりと炒めたたまねぎを加えれば少しトロみのついた甘さのあるカレーになります。

隠し味の調味料を加えるのも、カレーの味わいに奥深さを与えることになるでしょう。日本酒やしょうゆ、昆布だしといった、和の素材をほんの少し加えるだけで、ぐっとおいしくなる場合があるのです。

隠し味よりも大胆に加えてみるという発想も時には大切です。味噌や梅干など、カレーとはむすびつかないイメージの素材を使って見事に味をまとめている「たんどーる」(46ページ)の例があるように、意外な素材を組み合わせることで、新たなおいしさを見出せるかもしれません。

スパイスのオリジナルブレンドを完成させる

カレーのおいしさを決定するオリジナルブレンドを完成するためのプロセスには、どのようなものがあるかを見てみよう。
お店で毎日提供できる、現実的な方法を選ぶことが重要だ。

ブレンドを研究

スパイスとスープや具との相性を、何度も試作を繰り返して研究。加えるタイミングなどでも香りが変化するので、細かくノートに記録しよう。このプロセスは、たとえ市販のルウを使用しようと考えていたとしても手抜きはしないこと。

単品のスパイスを調合

「rico curry」（72ページ）のような小規模なお店で、毎回自分で調理するのであれば、単品のスパイスを仕込みの度に調合するのが一番。なるべくホールスパイスを用い、使用する際に細かく砕いたりすり潰したりすると、よりフレッシュな香りが得られる。

スパイス業者に調合を依頼

将来のFC（フランチャイズ）化を目指している「Camp」（36ページ）のように、アルバイトスタッフでも均一な味を出せるようにしたい場合は、スパイス業者に研究したレシピを伝え、カレーソースを納品してもらうといいだろう。

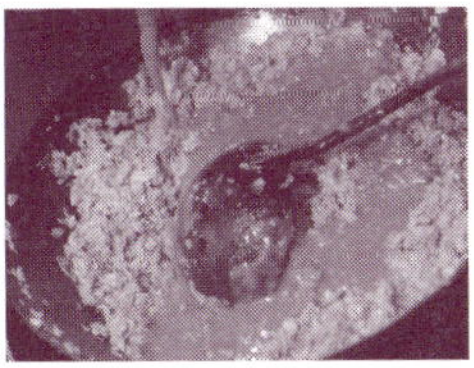

市販のカレー粉にスパイスをプラス

市販されているカレー粉は、数十種のスパイスが入ったバランスのとれた味と香りに調整されている。ここに単品スパイスを数種類加えるだけでも、充分にオリジナルのスパイスブレンドができるはずだ。

ほかの食材とは異なるスパイスの仕入ルート

101ページで紹介した食材の仕入先と、スパイスの仕入先は若干異なっている。国内での流通は、ほとんどがエスビー食品とハウス食品という大手の2社が担っている。

もちろん品質はいいものを扱っているので問題はないのだが、さらに高品質なもの、ユニークなもの、あるいは安く手に入れられるルートを、自分でも探してみよう。

もっとも簡単に探し出せるのがインターネット。検索すれば、いくつもの輸入代理業や卸売の業者などを見つけることができるはずだ。

また、インドやバングラデシュの人が経営する食料品店にも、スパイスを多く扱っているところがある。こうしたお店を見つけるのも、スパイス好きには楽しい作業だろう。

魅力的な盛り付け

目を楽しませてくれる盛り付けはおいしいカレーの一条件

盛り付けに工夫をしなければ、どれもシチューのように見えてしまうカレー。付け合わせや具の工夫で見た目の美しさにもこだわりたい。

視覚から上手においしさをアピール

多くのお客さまがメニュー表から写真つきの料理を選ぶことからもわかるように、おいしさの情報は、視覚からも伝わります。反対に素材選びや調理方法にこだわったメニューでも、盛り付けがおざなりでは十分に魅力が伝わりません。彩りや配置に気を配り、お客さまに「食べてみたい！」と思わせる盛り付けを考えることが必要です。

手軽にできるテクニックとして挙げられるのが、中心が高くなるように盛り付け、料理に「高さを出す」こと。たとえば、具材を煮込まず加える場合に、カレーソースと混ぜてしまわずトッピングとして配置したほうが、おいしそうに見えるのです。

料理の色合いも大切です。先に挙げた具の例でいえば、パプリカやブロッコリーなど鮮やかな色合いの野菜などを使って彩りを添えるといいでしょう。サラダや付け合わせを同じ皿の上に盛り付けたワンプレートスタイルなどの工夫もしてみましょう。

一品の量が少ないサイドメニューは、小さめのお皿に盛り付ける、ひと口サイズの料理を何品か少しずつ皿に並べていくなどの工夫でボリュームを出し、お得感を演出するといいでしょう。

また、器にもこだわってみましょう。カレーの色が映える色として、シンプルな白い皿が選ばれる傾向がありますが、インド風に銀のプレートや、意表をついた絵付皿を使うことも考えられます。

お店のコンセプトを反映したものに

最も大事なのは盛り付けにメニューのコンセプトを反映させること。特にメインメニューはお店のコンセプトを発信するアンテナ的存在です。ボリュームが人気の学生街にあるお店なら、大きな肉の塊がはっきりと形がわかるようにする、野菜をメインに据えた場合は野菜を大盛りにトッピングとして見せるなど、わかりやすく印象に残る盛り付けを心がけましょう。

盛り付けのテクニックの基本を知ろう

同じメニューでも盛り付け方次第でかなり印象は変わる。お客さまに「値段以上の価値がある！」と感じさせる工夫を考えてみよう。

食器にこだわり高級感アップ

器を変えるだけで、庶民的にも、高級料理にも見えるのがカレーの不思議なところ。

「MILLAN」（66ページ）の実店舗では、飾りのある銀の器に入れてカレーを提供。移動販売のものと内容は同じだが、器が違うだけで高級感漂うメニューに。

具を整然と並べ配色にも気遣いを

単調になりがちなカレーの色合いは、反対色のトッピングでメリハリのあるものに。具の置き方にも工夫をしてみよう。

整然と並んだナスがきれいな「curry草枕」（56ページ）のなすチキン（830円）。炒めたたまねぎとトマトを煮込んだ赤茶色のソースの上に、緑と赤のピーマンを交差させてアクセントに。

立体感を出して華やかに

黄、赤、茶の単一で地味な色合いになりがちなカレー店の品揃え。トッピングや薬味などで色鮮やかな食材をプラスし、華やかさを出してみよう。

カレーソースが見えなくなるほど高く詰まれた野菜が、「一日分の野菜カレー」（990円）という名前をひと目で納得させてくれる「Camp」（36ページ）の目玉商品。

野菜の上にチキンピクルスを盛り、さらに香菜とショウガを乗せた姿はアペリティフとフレンチ風に呼びたくなる。「チキンピクルスとババード」（630円）。

薬味の色も利用しよう

Point

地味な色合いになりがちなカレーに、華やかな色を加えることのできる薬味。赤い福神漬けだけでなく、野沢菜の緑や赤かぶ漬けのピンクなど、使用できる色はたくさんある。

サイドメニューにも気を配ろう

サラダやデザートといったサイドメニューの盛り付けにも気を配ってみよう。華やかな色合いがテーブルをぱっと明るくしてくれるだろう。

2色のフルーツソースがかかった「momo curry」（26ページ）の「かぼちゃのプリン」（480円）は、まるでパフェのようなにぎやかさ。

ひと口サイズに切り分けた「たんどーる」の「レーズンとクリームチーズナン」（550円）には、黄色く輝く「ガリのスパイス漬け」（100円）を添えて。

メニュー表の工夫で客単価をアップ！

汚い文字で乱雑に書かれたメニュー表では、注文する前の時点でお客さまに悪印象を与えてしまうことに。うまく工夫してつくれば、印象も客単価も同時に上げることができる、重要なツールだと覚えておこう。

Point 1

売りたい商品は必ず「左上」に

メニュー表は、お客さまに食べるものを選んでもらうものだが、一方でお客さまに商品を売り込むツールという側面もある。人間は横書きのものを見るとき、自然に左上から見るという法則がある。その法則にしたがって、最も売りたい自慢のカレーは、必ず「左上」に書くのがメニュー表づくりの鉄則だ。

Point 2

わかりやすい均一価格でトッピングを表示

複数のトッピングがあるとき、原価率に基づいた価格設定をして、「温泉玉子60円、チーズ50円、プチトマト80円」と価格がバラバラだとお客さまは注文しづらい。例外的に原価が高いカツだけを「200円」にするぐらいはOKだが、「すべて100円」といったように価格のバラつきをできるだけ少なくしよう。

Point 3

お得なセットで客単価もアップ

客単価を上げるための工夫として、ドリンクやスープとのセットメニューを入れておきたい。単品で頼んだ場合の総額より安い設定にすることでお得感を演出できる。注文が増えると利益率は下がるが、客単価がアップすることによって、利益の絶対額が増える効果が期待できる。

Point 4

写真やイラストにコメントを添えよう

イチ押しの商品に絞って、写真やイラストを使い、さらにひと言を添えれば、お客さまの目に留まりやすくなる。ただし、すべての商品にイラストやひと言を添えると、目玉商品が目立たなくなるので効果が薄くなってしまう。メリハリをつけてこそ、注目度アップができる点に留意しよう。

Point 5

ドリンク類は下のほうにまとめて

Point❶で述べたように、売りたい商品を左上に書くのが鉄則。たとえ、ドリンクの利益率が高く「売りたい」と思ったとしても、もっとも目立つ左上にドリンクを書くのはナンセンスだ。主役はあくまでも「カレー」。脇役のドリンクはメニュー表では目立たない下のほうに配置するのがセオリーだ。

Point 6

種類別に見出しをつける

左ページのサンプルのように、メニューを「カレー」「サイドディッシュ」「ドリンク」と分類して、ひと目でわかるように見出しをつけると、お客さまは頼みたいものを見つけやすくなる。分類をするときは、これから注文するお客さまの立場になって、「どうしたらメニューを探しやすいか」を考えるようにしよう。

●メニュー表の一例

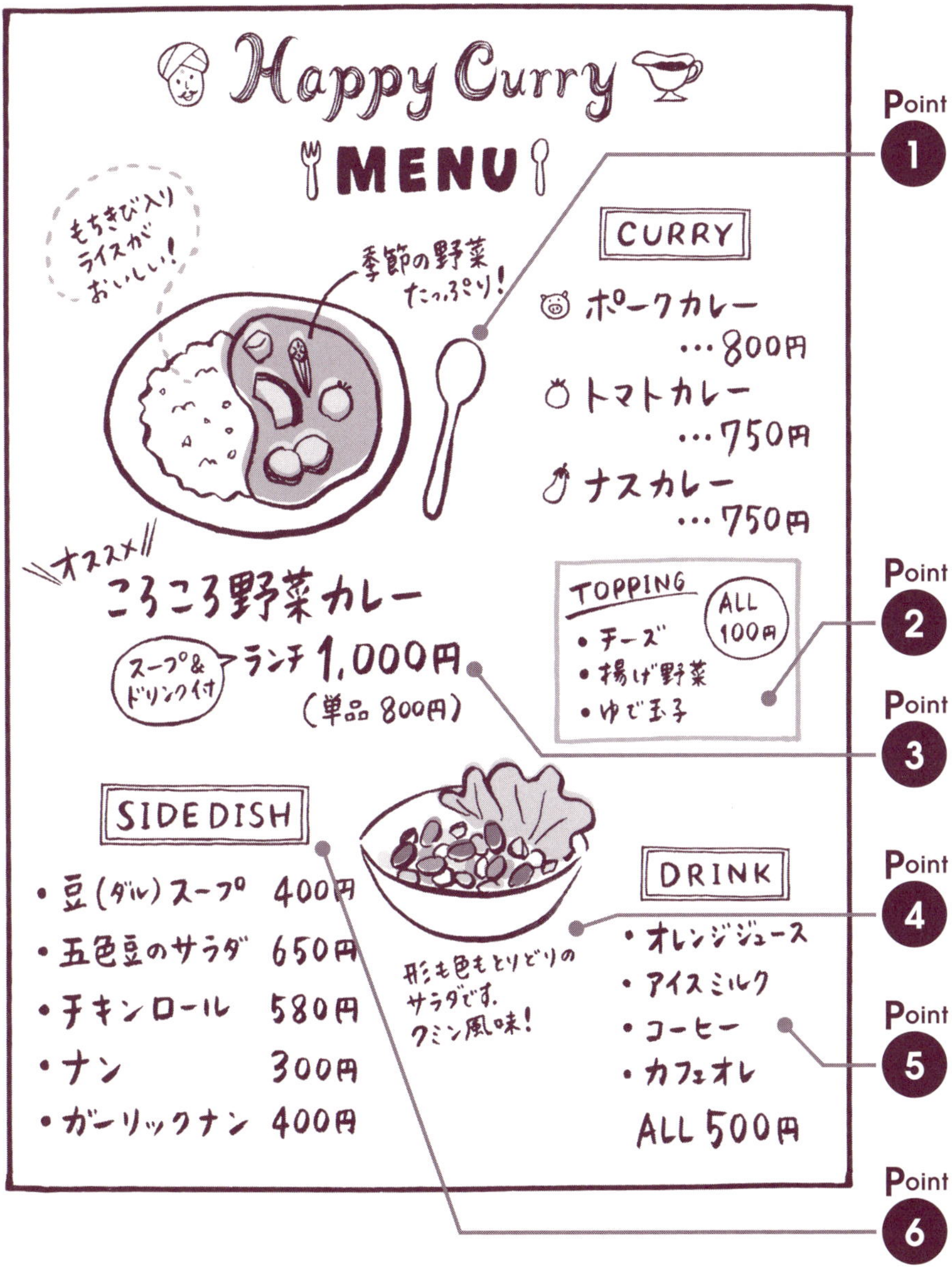
Happy Curry
MENU
もちきび入り
ライスが
おいしい！
季節の野菜
たっぷり！
CURRY
ポークカレー
…800円
トマトカレー
…750円
ナスカレー
…750円
オススメ
ころころ野菜カレー
スープ&
ドリンク付
ランチ1,000円
（単品800円）
TOPPING
ALL
100円
・チーズ
・揚げ野菜
・ゆで玉子
SIDE DISH
・豆（ダル）スープ　400円
・五色豆のサラダ　650円
・チキンロール　580円
・ナン　300円
・ガーリックナン　400円
形も色もとりどりの
サラダです。
クミン風味！
DRINK
・オレンジジュース
・アイスミルク
・コーヒー
・カフェオレ
ALL 500円
Point 1
Point 2
Point 3
Point 4
Point 5
Point 6

移動販売も検討してみよう

自宅や職場に持ち帰って食べたりと
カレーはテイクアウトとしても人気のメニューです。
開業資金に不安がある場合には、移動販売も検討してみよう。

移動販売を開始するには保健所の許可が必要

実店舗よりも開業資金が少なくてすむのが魅力の移動販売。必要な費用のほとんどが、店舗となる車両の取得と改造費になります。「車内に手洗い設備を設ける」「蓋のある充分な容量を有した汚水タンクの設置」など、移動販売の車両には各都道府県の保健所により基準が設けられています。

こうした知識があれば自分で改造することも可能ですが、一般的には専門の改造業者に依頼するか、すでに改造済みの車両を購入することになります。

また、仕込み専用の厨房を確保する必要もあります。自宅でも構わないのですが、日常に使用するキッチンとは完全に分離した厨房を設ける必要があります。このため、多くの人が厨房を別に借りて仕込みを行っています。

車両と厨房の準備が整ったところで、保健所へ営業許可申請をします。必要な書類は、営業許可申請書（車両の保管場所、型式および車両番号を記載したもの）、営業設備の大要・配置図、仕込み場所の営業許可書の写し、許可申請手数料などです。基準や必要書類については、地域によって異なることがあるため、まずは所轄の保健所に問い合わせてみましょう。

出店場所の確保が最も重要なポイント

移動販売を行ううえで、最も重要なのが出店場所の確保です。最近では、ビジネス街のランチタイムに開催される屋台村に人気が集まっていますが、集客が多く安定した有名な場所は飽和状態で、空き待ちの長いリストができているのが現状です。出店場所については、ある程度「あそこでできそうだ」という当たりをつけてから、開店準備をはじめるようにしましょう。

出店場所としては、駐車場や開店前の居酒屋の前、スーパーの敷地内、大規模な公園やイベント、「屋台村」への登録などが考えられます。貸してもらえるかどうかや場所代は交渉次第となりますので、実績がない場合は資料を準備しておくとよいでしょう。

移動販売の特徴

メリット	注意点
・低コスト・低リスクで開業できる	・出店場所が保障されていない
・営業時間を自由に設定できる	・売上が天候に大きく影響される
・お客さまとの距離が近い	・実績を上げるまでは信用されにくい
・営業場所の変更ができる	・販売できるメニュー数が限られる

第4章

お金の計算と各種届出

飲食店の開業と運営には、まとまった資金が必要になります。
全体の予算だけでなく、何に対してどの程度の金額がいるのかを把握することが
節約の第一歩。同時に開業に必要な手続きも進めましょう。

開業手続き

開業に必要な手続きと税金や保険について確認しよう

お店の開業には、さまざまな申請が必要。提出の遅れで開業延期という事態を避けるためにも、何が必要か事前に確認しよう。

深夜に酒類を提供する場合は警察署に問い合わせを

カレー店を開業するには、営業場所を管轄する保健所に提出する「飲食店営業許可申請書」が必須です。申請には食品衛生責任者の資格が必要で、申請書とともに設備の大要と配置図、手数料も提出します。

提出書類に基づき保健所が実地検査をするため、竣工あるいはオープンの10日～2週間前までに提出しないと、許可が間に合わず開店が遅れることも。

また、一般には、深夜0時以降に酒類を提供する場合は、警察署に「深夜酒類提供飲食店営業開始届出書」を提出しますが、カレー店のように主食と認められるメニューを提供する場合には不要となります。ただし、カレー店兼居酒屋、またはバーの場合、おつまみと酒類の提供が中心と見なされる可能性も。無届での営業には罰金が課せられるので、不安な場合には警察署に問い合わせましょう。

個人か法人かで異なる保険や税金の申告方法

事業形態を個人にするか、法人にするかは、事業規模や収益の見込みによって異なります。

個人事業にする場合は、開業から1か月以内に税務署に開業届を提出します。確定申告の方法として青色申告を希望するなら「青色申告承認申請書」を開業日から2か月以内に提出します。

個人事業主として新たに国民健康保険と国民年金に加入する場合は、市区町村で手続きができます。

従業員を雇うときは「給与支払い事務所等の開設届出書」を1か月以内に提出します。また、常時5人以上のスタッフを雇用している場合は、健康保険と厚生年金の加入が義務づけられます。

法人事業とする場合は、会社設立手続きに手間と費用がかかり、スタッフを1人でも雇うと、健康保険と厚生年金の加入が義務づけられます。スタッフを雇用する際に必要な手続きについては120ページを参照してください。

●青色申告

事業所得者及び不動産所得者が、特定の簿記の原則による記帳を行うことでできる税の申告方法。所定の期限までに税務署の承認を受ける必要がある。

家族を雇用した場合の給料が経費として認められる、小額の減価償却費を必要経費に計上できる、純損失を3年間繰越できるなど、多くの税務上の特典を受けることができるので、是非申請しよう。

開業時に必要な申請

飲食店を開業するには、大きく分けて３つの届出先に
申請を行う必要がある。期限を確認して、遅れないようこころがけよう。

申請の種類	飲食店営業許可申請	防火対象物使用開始届	個人事業開業届
届出先	保健所	消防署	税務署
提出期限	竣工（工事をしない場合は開業の）10～14日前	開業の7日前	開業後1か月以内
必要書類	●営業許可申請書 ●設備の大要・配置図（各2通） ●食品衛生責任者の資格証明書 ●申請料（1万6,000円程度） ※原水が井戸水や貯水槽の水を使用している場合は「水質検査成績書」 ※法人で申請する場合は「法人登記簿謄本」 ※工事終了直後に実地検査をしてもらい、合格すれば申請書を発行してくれる	●防火対象物使用開始届出書 ●店舗の案内図（付近の地図） ●消火器や非難器具などの配置図（平面図）、立面図、断面図、仕上表 ●申請料（1万6,000円程度） ※通常は施工業者が申請をしてくれるが、確認が必要 ※建物の収容人数が30人を超える場合は、防火管理者の資格を取得する必要がある（ページ下コラム参照）	●個人事業の開廃業等届出書 ※個人事業として開業する場合のみ必要 また、以下の項目に該当する場合、同じタイミングで申請するといいだろう。 ※従業員を雇用する場合……給与支払事務所等の開設届出 ※青色申告を希望する場合……所得税の青色申告承認申請 ※家族を従業員として雇用する場合……青色事業専従者給与に関する届出

各種申請に必要な資格を確認しよう

飲食店営業許可申請をする際に、必要となるのが「食品衛生責任者」の資格。衛生面での自主管理を目的に、スタッフの衛生教育、施設や設備機器の管理などを行う。

調理師や栄養士などの資格がある場合には、自動的に付与されるが、そうでない場合、講習会を受講する必要がある。講習料や主催団体は都道府県により異なるが、6時間程度の講習を受け、テストに合格すると、受講修了証（食品衛生責任者手帳）が交付される。

また、建物の収容人員（従業員を含んだ、出入りする人の人数）が30人を超える場合「防火管理者」の資格が必要。自分の店舗だけでなく、建物全体の収容人数で決まるので、注意が必要だ。乙種と甲種の2種類の資格があり、1～2日の講習を受ければ取得可能だが、講習会が満員で、すぐに受講できないことも。

建物全体の広さや店舗の収容人数といった条件によって、必要な資格が決まるので、まずは消防署で相談しよう。

お店を開くための資金は、どの程度必要なのかを計算してみよう

予算について漠然としたイメージしかもってないと、実際に動き出した際に身動きが取れなくなる可能性も。何にどれだけお金が必要かを考えよう。

店舗取得費と内装費用が一番高額

飲食店を開く場合、開業資金は店舗取得費、内装・設備工事費、備品・消耗費、その他諸費用の4つに大別できます。事前に用意しておくべき資金は、開業資金に運転資金（118ページ）数か月分を加えたものになります。

開業資金のうち、もっとも金額が大きいのは、一般に店舗取得費です。家賃や契約金、不動産業者への仲介手数料などが含まれ、立地条件によっても差がありますが、たとえば月10万円程度の物件でもおよそ100～200万円が必要となります。

次に必要なのが内装・設備工事費です。新築あるいは飲食店としてははじめて使用する物件の場合は、ガスや水道、厨房設備などを設置しなければならず、店舗取得費よりも高額になる場合もあります。居抜き物件の場合、工事費用が節約できますが、造作譲渡料金がかかったり、状態の悪い設備や必要のない機器まで引き取らなければならなかったりする場合もあるので注意が必要です。

予算には余裕をもたせ不測の事態に備えよう

内装工事費も含め、その他の費用についてはお店のコンセプトによって変わってきます。イス・テーブルといった家具類や食器・カトラリーなどで高級感を出す場合、そこにお金をかけない、という手もあります。

紙ナプキンやテイクアウト用の袋・容器なども、素材やデザインで大きく価格が変動します。それぞれにロゴや店名を入れるのであれば、そのぶんの費用も必要です。

チラシやショップカードの作成は、プロに依頼すると、デザイン料が発生します。直接生産地に足を運んで仕入先を探すつもりであれば、交通費も高額になります。1つひとつは小額の支出でも、合計して「その他諸費用」として計上すると、見過ごせない金額になります。

また、工事期間が延びてしまうなど、不測の事態はつきものです。確保する資金には、数十万円程度の余裕をみておきましょう。

●保証金
法律で定義された言葉ではなく、幅広い意味で使用されている。多くは敷金としての意味で用いられ、退去する際には戻ってくる。ただし、返還の方法は分割などさまざま。また、保証金とは別に敷金・礼金が必要な場合もあるので、それぞれがどのような性質か、返還の条件についても必ず確認しよう。

開業資金の内訳を見積もっておこう

お店を開業するための費用は、店舗取得費だけではない。
概算で準備を進めると、必要な費用を見落とす可能性は大。
自分のお店ではどの程度必要になるのかを概算しておこう。

	内訳	金額	備考	参考例
店舗取得費	家賃	円	1か月分	200,000円
店舗取得費	契約金	円	保証金または敷金・礼金（家賃の6〜12か月分が目安）	1,200,000円（家賃の6か月分）
店舗取得費	仲介手数料	円	家賃の1か月分が目安	200,000円（家賃の1か月分）
店舗取得費	造作譲渡料	円	居抜き物件の場合のみ必要	なし
内装・設備工事費	内外装費	円	坪単価で計算	1,000,000円（坪単価10万円、10坪自作含む）
内装・設備工事費	設備工事費	円	電気、ガス、水道、空調など	1,400,000円
内装・設備工事費	電話加入・工事費	円	固定電話	40,740円
内装・設備工事費	厨房機器	円	冷蔵庫、コンロ、オーブンなど	1,200,000円
備品・什器費	家具・什器	円	イス、テーブル、冷水器など	100,000円（中古、自作）
備品・什器費	インテリア	円	照明、傘立てなど	50,000円
備品・什器費	食器類	円	皿、カトラリーなど	200,000円
備品・什器費	音響・機器類	円	CD、スピーカー、タイムレコーダーなど	100,000円
備品・什器費	消耗品	円	紙ナプキン、テイクアウトの容器など	100,000円
その他諸費用	チラシ・宣伝費	円	新聞折り込み、フリーペーパーなど	100,000円
その他諸費用	求人広告	円	スタッフを雇う場合	50,000円
その他諸費用	必要経費	円	勉強用の資料、制服、試食会用の食材など	150,000円
	合計	円		6,090,740円

ここに運転資金数か月分を加えた金額を準備!

開業資金と融資

自己資金が不足した場合は融資を受けることも検討しよう

開業には、想像以上に資金が必要。自己資金でまかなうのが理想だが、どうしても不足する場合には、融資を受けることになる。そのためにも、創業計画書は不可欠だ。

多くの新規開業者が利用「日本政策金融公庫」

新規開業の場合、もっとも頼りになるのが「日本政策金融公庫」です。飲食店を経営する場合は、「生活衛生融資」の一般貸付が利用できます。返済期間は新規の場合13年以内で、融資の上限は7200万円と大きいのが特徴。ただし、自己資金も創業資金全体の3分の1以上は必要です。併せて「女性、若者／シニア起業家資金」という制度も確認しておくとよいでしょう。

また、店舗所在地の都道府県知事の推せん書も提出しなければなりません。推せんを受けるには、物件の契約書や店舗の平面図などが必要になるので、申請は物件が決まってからになります。

地方自治体が行っている融資制度は、都道府県でそれぞれ異なるため、店舗の所在地の自治体に問い合わせましょう。たとえば東京都では、「創業支援融資」として原則無担保で2500万円以内の融資が受けられます。同じような制度は、各自治体にも準備されています。

一方、銀行・信用金庫といった金融機関では、開業時の融資を前面に打ち出すところはほとんどありません。審査では実績をもっとも重視するからです。金融機関の場合、綿密な創業計画書とともに、担保となる土地や有価証券、連帯保証人や信用保証協会の保証などが必要となり、融資を受けるハードルはぐっと高くなります。

融資を受けるために創業計画書をまとめよう

当然のことですが、金融機関は借入を返済できそうもない人に融資はしません。事業を継続できる熱意や力があるか、事業計画に現実味はあるか、資金計画は考えられているか、仕入れ先は信用できそうかなど、資金を貸すに値するかどうかを創業計画書を元に判断されます。

金融機関から融資を受けるのであれば、創業計画書はしっかり書かないといけません。事業を継続できて借入金を返済する能力があることをアピールしましょう。

●「利子補給」タイプ融資

自治体が行う融資制度のなかには、「利子補給」をするタイプの融資もある。これは、自治体が地域の金融機関と信用保証協会の協力を得て行っているもので、利息の一部を自治体が負担するもの。融資は地域にある金融機関の支店などに申し込む。負担してもらえる利息の割合は資金の用途によって違う。詳しいことは地域の役所、商工会議所などに問い合わせること。

創業計画書への記入事項

借入をする際、返済能力の判断基準となるのが創業計画書。
項目をおさえ、しっかりと記入することで、
事業の継続力があることをアピールしよう。

1 開業の目的

どういう目的でカレー店をやりたいのか、事業に対する考え方や熱意を記入。将来的な事業展開も説明できれば、より信頼度が増す。

2 開業する事業の経験

職務経歴書のようなもの。飲食に関する経験だけでよいが、異業種でも役立ちそうな場合は入れておこう。調理師免許や食品衛生管理者などの資格と取得年月も記入する。

3 取り扱うメニューとサービス

メニューの種類とそれぞれの値段を具体的に記入。予想している客単価も合わせて書く。

4 セールスポイント

提供するカレーの特徴、それらの商品が客の要求にどうマッチしているかなどをわかりやすく記入。他店との差別化などが明確な場合は、それもしっかりアピールする。

5 販売先

ターゲットとする顧客層を記入。たとえば、「○○地区の会社員と学生」など具体的に書く。店舗の立地条件と、立地の選定理由にも触れるとよい。

6 仕入れ先

食材の仕入れ先を具体的に記入。食材が安定的に入手できる環境であることをアピールする。

7 必要な資金と調達方法

開店までに必要な設備資金と、開店後に必要となる運転資金とを分けて記入。調達方法は自己資金、親類・知人からの借入、公的融資、その他に分けて詳細に記入する。

8 開業後の見通し

売上高、売上原価、人件費や家賃などの経費、利益を記入。それぞれの数字を算出した根拠も、計算式とともに具体的に記入する。

融資を返済できることをしっかり伝えよう

創業計画書のひな型は、日本政策金融公庫のホームページからダウンロードできる。しかし、それだけでは不十分なので、融資担当者にさらに強くアピールするため、以下に紹介する書類も添付して提出しよう。

●添付資料一覧
いわゆる「目次」にあたる1枚ものの書類。これだけで事業計画が実現可能かを判断する融資担当者もいるという。

●職務経歴書とプロフィール
修業の目的や年数、自己資金の取得方法を詳細に記入しよう。

●開店する場所の状況分析
立地、時間帯による人の流れ、客層などを書く。数値の裏付けがあればなおよい。

●店舗取得の契約書

●設備資金（工事費）に関する見積書

●返済計画書
無理をせず、堅実な計画を立てることが融資担当者の信頼につながる。

●店のチラシ、地図、メニュー表など
開業する店のイメージをより明確に説明するためのもの。開店前の予行と考え、わかりやすいものを作成しよう。

日本政策金融公庫の融資を受けるまで

融資を受けるまでには、さまざまな提出書類が必要となる。
不動産物件が決まってからの申請となる場合がほとんどなので、
審査に落ちることのないよう、前もって準備しておこう。

1 しっかりとした創業計画書を作る

（115ページ参照）

融資を受けたことのある経験者に、計画書づくりのアドバイスをもらうと、よりよい計画書を書き上げることができる。周りにそういう人がいなければ、書籍やインターネットで調べよう。

2 借りたい金額を明確にする

開業に必要な資金には以下のものがある。

- 店舗取得費
- 内外装工事費
- 水道・ガス・電気・空調・厨房工事などの設備工事費
- 備品、消耗品費（食器・インテリア・洗剤など）
- 広告制作費、仕入れ費、メニュー制作費など、その他諸費用

3 保証人と担保の用意

融資を受ける場合、申請者と連帯保証人の印鑑証明書や、担保となる不動産の登記簿謄本が必要となる。どちらもない場合、基準となる利率に加え一定の利率が上乗せされる。

4 返済期間、利率などを相談

最寄りの支店窓口へ出向き、返済期間や利率とともに返済方法などを相談する。明確な営業計画を持って相談に行くことが望ましい。各地の商工会議所や中小企業の支援施設などでも相談会を行うことがあるのでチェックしておこう。
以下のコールセンターなどに問い合わせを。

- **事業資金相談専用ダイヤル**
- **事業ローンコールセンター**
- **こくきんビジネスサポートプラザ名古屋**
- **こくきんビジネスサポートプラザ大阪**

日本政策金融公庫のホームページ
http://www.k.jfc.go.jp

5 必要な書類をそろえる

借入申込金額が300万円以上の場合、推せん書が必要となる。推せん書をもらうためには、以下の書類が必要だ。※詳しくは最寄りの支店に問い合わせること

- **推せん書交付願**
  最寄りの支店から取り寄せることができる
- **借入申込書**
  日本政策金融金庫のホームページからダウンロードできる
- **衛生管理状況を確認するもの**
- **施設・設備の概要**
  見積書や契約書、平面図などをそろえる
- **創業計画書**
  115ページ下で紹介した添付書類も一緒に提出
- **履歴事項全部証明書または登記簿謄本**
  法人の場合は提出

6 推せん書交付の申請

必要な書類がそろったら、都道府県生活衛生主管部（局）に申請する。自治体によっては、生活衛生営業指導センターに推せん事務が委託されている場合もあるので、その場合は、各都道府県の生活衛生営業指導センターに申請する。申請受付は月～金の平日のみで、土日・祝日の受付はしていないところがほとんど。また、郵送での受付も不可としているところが多い。

推せん書は申請すれば必ずもらえるというものではないので、書類をしっかりそろえ、記載漏れなく一度で済むように注意したい。

7 融資申し込み

推せん書が交付されたら、最寄りの日本政策金融公庫支店に書類を提出し、融資を申し込む。推せん書提出後であれば、日本政策金融公庫のホームページからでも申し込むことができる。面談当日は、営業計画や自分の資産と負債を証明する書類をチェックされるので、必要な書類は確実に準備しておくこと。

8 担当者との面談

融資する資金の使用目的や事業計画などについて細かく質問される。周囲に経験者がいれば、どのような質問がされるかを聞いておくといいだろう。担当者の質問に対して滔々と答える必要はないが、抽象的な受け答えしかできないようではダメ。具体的な数値、計画や展望を答えられるようにしておくことが大事だ。

また、面談の時間に遅れず、きちんとした服装をしていくことはいうまでもない。融資担当者からの質問にはしっかり答え、開業後に借入金が確実に返済できることをアピールしよう。

9 融資の可否

日本政策金融公庫内での審査が終わり、融資が決定すると、借用証書などの書類が送られてくる。契約手続き完了後、融資金は金融機関の口座へ送金される。

10 返済サイクルの決定

原則として月賦払いとなるが、返済方法は元金均等返済、元利均等返済、ステップ返済などがある。どの返済方法が自分に適しているかは、担当者との相談で決めればよい。

肝心なのは、決められた日にちに、確実に返済すること。「1日くらい遅れてもいいか」といった甘えは通用しない。一度返済が滞ると、次回の融資が受けられなくなる場合もあるので、注意しよう。日本政策金融公庫のホームページには、簡易な返済シミュレーションのコーナーもあるので参考にするといいだろう。

運転資金

毎月の支出、運転資金と売上のバランスを考えよう

お店を運営していれば、必ず一定の支出がある。事前に運転資金を確保しておき売上が少ない場合でも営業を維持できるように備えよう。

運転資金に余裕があれば苦しい状況に耐えられる

開店したあとも、食材などの材料費、水道光熱費、人件費、広告宣伝費、家賃など、毎月支払わなければならない費用が発生します。融資を受けた場合は、毎月の返済も欠かせません。これらの資金を運転資金といいます。運転資金は売上の多少にかかわらず必要となるお金ですから、これが不足するとお店を維持していくことができなくなります。

一般的に、開店時に用意しておくべき運転資金は、開業費用の約20％といわれています。

ただし、運転資金は多いに越したことはありません。開店後、すぐに予想通りの売上があるとは限らないからです。半年以上赤字が続いたというお店も少なくありません。

苦しい状況に置かれた際、軌道修正をしてもちこたえるためにも、余裕のある運転資金を確保しておきたいところです。

固定費と変動費を把握して資金繰りを行う

運転資金には固定費と変動費があります。家賃、人件費、借入金の返済など毎月変わらずに支払わなければいけないのが固定費。水道光熱費や仕入れ費、消耗品費など月ごとに額が変わるのが変動費です。それぞれの項目に分けて見積もり、1か月にどれくらいの資金が必要かを計算しましょう。

変動費のなかには、厨房機器の故障による修繕費など不慮の出費も含まれます。できるだけ余裕をもった計画を心がけましょう。運転資金に余裕があれば、新しいメニューや設備投資にチャレンジすることもできるようになります。

変動費と固定費がどれくらいかかるかの目安がつけば、どれだけの売上が必要かの判断もしやすくなります。お店を開業するということは、あなたはスタッフであると同時に経営者になるということです。利益を上げることが何より重要であると心得て、毎月かかる費用をシビアに検討し、どれだけの運転資金を確保すればいいのかを見極めましょう。

●家賃の目安

家賃は固定費のなかでも大きな割合を占めるものだが、一般的には月の売上の10～15％におさえるのが常識といわれている。

資金繰り表をつくろう

収入と支出を一覧にして、収支の状態を明らかにした表を資金繰り表という。お店の営業を開始すると、現金による収入や支出だけでなく、買掛金なども発生することもあり、混乱を避けるためにも資金繰り表をつけ、運転資金が不足しないよう調整していこう。売上日報（125ページ）と連動させれば、営業目標も立てやすくなる。

単位（円）

項目＼月別		月		月		月	
		予測	実績	予測	実績	予測	実績
前月繰越高（A）							
収入	現金売上						
	売掛金回収						
	受取手形入金・割引 ＊						
	借入						
	雑収入等						
収入合計（B）							
支出	現金仕入れ						
	買掛金支払い						
	支払手形決済 ＊						
	借入金返済						
	給料・諸経費支払い						
	生活費（個人の場合）						
支出合計（C）							
翌月繰越高（A+B−C）							

＊支払手形とは、掛取引で支払う際に発行される書面のこと。
反対に、受取手形は掛取引で商品を販売した際に振り出される書面。
通常どちらにも、実際の支払い期限が明記されている。

「売掛金」と「買掛金」についても理解しておこう

「売掛金」とは、売上代金のうち、未回収分の金額のこと。〝ツケ〟も、売掛金に含まれる。カレー店の場合、売掛金が発生することは多くないが、たとえば近くの会社の部署にケータリングなどを行った場合、月末払いにしてほしいと頼まれることがある。

「買掛金」とは、購入して品物を入手したものの、まだ代金を支払っていない金額のこと。

売掛金と買掛金が発生すること自体は問題ではないが、金額を正確に把握しておかないとどんぶり勘定になってしまい、資金繰りが苦しくなる原因となることもある。

また、買掛金は処理を誤ると、相手だけでなく、商売での付き合いがある人全員の信頼を失うことにもつながる。支払い期日を守ることは当然だが、不用意に支払い条件の変更を求めたりすると、経営が危ないのではと誤解される場合もあるので要注意だ。

スタッフを雇う

忙しい時間帯を見越して必要最低限のスタッフを確保する

カレー店では、食事の時間帯にお客さまが集中する。「お待たせしない」ために必要なスタッフ数をあらかじめ割り出しておこう。

席数に応じて、必要なスタッフ数を割り出す

仕込みに時間はかかりますが、カレーは注文を受けてから提供まで、比較的スピーディーに提供できるメニューといえます。しかし、お客さまはランチタイムとディナータイムに集中するもの。オペレーションが悪いために席に着いてからの応対や料理の提供に時間がかかりすぎてしまうと、再来店はほぼ見込めなくなってしまいます。

テイクアウト専門であれば1人での営業も可能ですが、そうでない場合には、スタッフを雇うことを念頭に置くべきです。席数に応じたスタッフ数をあらかじめ確保しておくことは重要です。左ページを参考に、シフト表を作成してみましょう。

自分1人で、あるいは夫婦でがむしゃらに働けばいい、と考えてはいないでしょうか。体力勝負の飲食店経営は肉体に無理のあるスケジュールは、長続きしません。お店の長期的な運営のためにも、スタッフの要／不要をよく考えておく必要があります。スタッフの募集から実際に働きはじめてもらうまでに、約1か月ほど必要だということも考慮して、早めに決断し、シフトを作成することをおすすめします。

スタッフには雇用保険や交通費も必要

人件費には給与だけではなく、交通費や保険、年金、雇用保険料などの社会保険料などが含まれます。

社員やアルバイトを雇って給与を支払う場合、雇用して1か月以内に「給与支払事務所等の開設・移転・廃止の届出」を税務署に提出し、給与からの源泉徴収税を支払います。

また、31日以上雇用する見込みで、週の労働時間が20時間以上の場合は、雇用保険に加入する義務があります。手続きは、雇用した翌月の10日までに「雇用保険被保険者資格取得届」を所轄のハローワークに提出します。

同時に労働者災害保険（労災）の加入手続きも行いましょう。雇用開始から10日以内に所轄の労働基準監督署、またはハローワークに「保険関係成立届」を提出します。

●労災に加入しないとペナルティが発生

労災保険は、仕事中の事故などの際に保険金を給付する制度で、1人でも従業員を雇用している場合は（パート・アルバイトのみの場合でも）加入する必要がある。

加入手続きをせずに事故が発生した場合でも給付金はおりるが、罰則として、雇用の時点にさかのぼって保険料を徴収されるほか、労災保険から給付を受けた金額の100％または40％が徴収される。早めに手続きをしておこう。

シフト表を作成しよう

席数がわかれば、お店の忙しい時間帯に
おおよそ何人のスタッフが必要かは把握できる。
そのうえでシフト表を作成して、効率的な人員配置を考えてみよう。

カウンター4席＋テーブル4台16席の場合

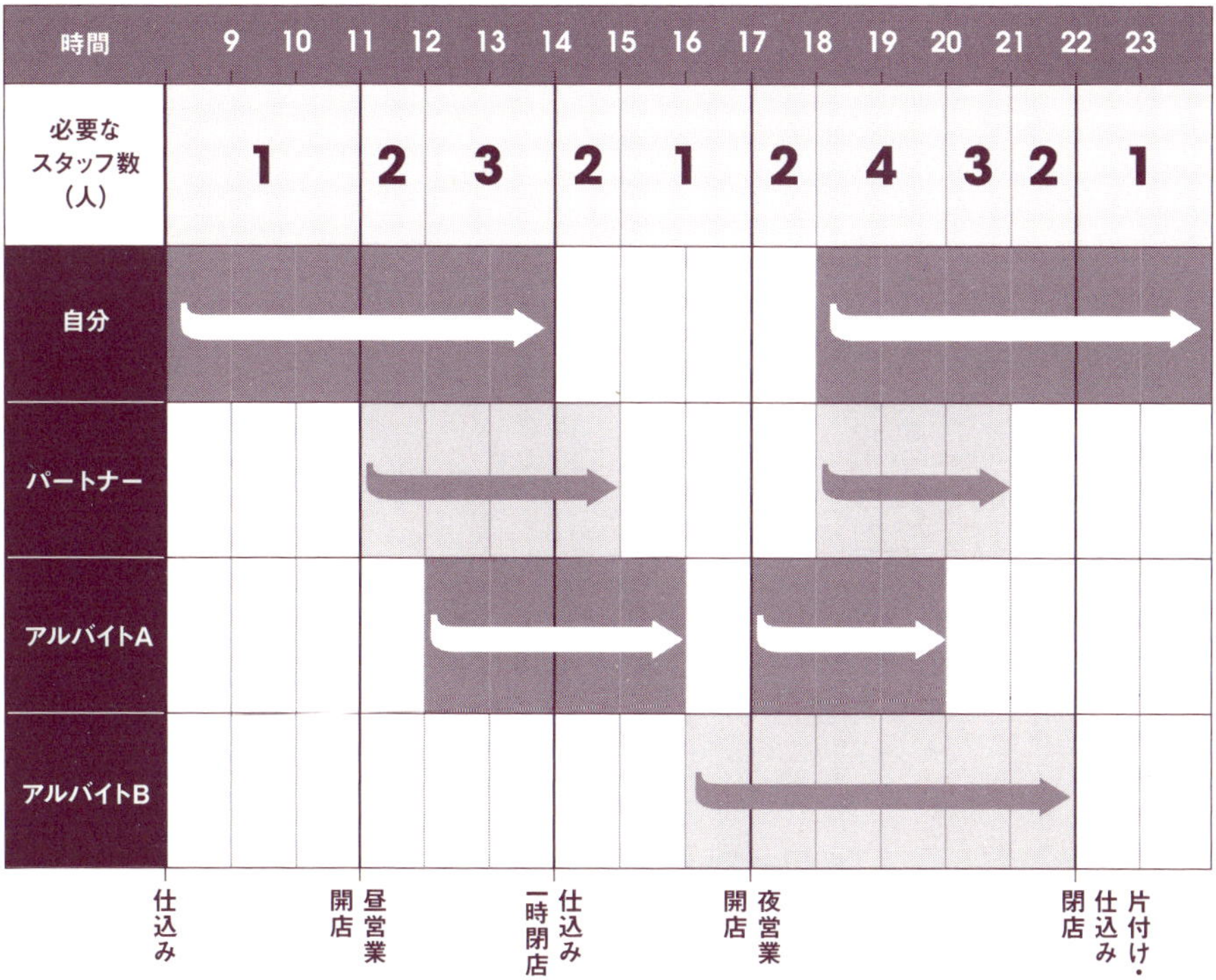
時間
9
10
11
12
13
14
15
16
17
18
19
20
21
22
23
必要なスタッフ数（人）
1
2
3
2
1
2
4
3
2
1
自分
パートナー
アルバイトA
アルバイトB
仕込み
昼営業開店
仕込み一時閉店
夜営業開店
片付け・仕込み閉店

効率的なシフトが無駄なコスト発生を防ぐ

席数に応じて営業時間中は調理と別に接客担当のスタッフが必要になる。ピーク時にはアルバイトを雇うことになるわけだが、ひとつ気をつけたいのが時給以外の経費だ。

たとえば1日のうち、アルバイトが必要なのがランチタイム4時間とディナータイム4時間の計8時間として、休憩を挟んで同じ人に働いてもらうのと、別の人に働いてもらうのとでは、交通費分で差が出る。また、エプロンなどの制服を支給する場合には、雇う人数分だけの経費が必要だ。

教育や、シフト調整の手間なども考えると、雇うスタッフは最低限の人数に抑えるのが得策。

4台の移動販売車と実店舗を運営する「MILLAN」（66ページ）では、朝の仕込み担当と店舗の接客担当が、効率のいいシフトで仕事を連携させている。

損益分岐点

赤字経営を避けるために損益分岐点を計算しよう

毎月の売上がどれだけあれば利益を出せるのかを知るための数字が「損益分岐点」。損益分岐点の計算は店舗経営の基本になる。

損益分岐点が赤字と黒字の分かれ目

「損益分岐点」とは、利益と損失の分かれ目となる売上高のこと。売上が損益分岐点を下回れば赤字、上回れば黒字を意味します。

目標とする売上高を決める際には、損益分岐点を計算し、1か月にどれくらいの売上を上げれば利益が出るのかを確認しましょう。

損益分岐点の計算方法は、

固定費÷（1－変動費率）

です。

固定費とは、118ページでも述べたとおり、売上に関係なく発生する費用のことです。一方、変動費率とは、利益に対する変動費の割合を示すもので、

変動費÷売上高

で算出します。

たとえば、1か月の固定費が60万円、変動費率が40％とすると、60万円÷（1－0・4）＝100万円が損益分岐点となります。月に25日営業する場合、1日の売上が4万円以上にならないと利益が出ないということです。

損益分岐点を下げるときに気をつけるべきこと

損益分岐点を上回れば利益になるということは、損益分岐点を下げれば利益が増えるということです。

つまり、人件費を削って固定費を下げたり、仕入れ費や光熱費を抑えて変動費を減らしたりすれば、損益分岐点は下がって利益が増えることになります。

ただし、こうすることで確かに一時的には利益が増えるかもしれませんが、人件費を削った結果、サービスが行き届かなくなったり、安い食材に変えたために提供するカレーの質が低下すれば、お客さまが離れていってしまう可能性があるということを念頭に置く必要があります。

売上目標を設定するのは大切ですが、数字ばかりに左右されず、お客さまに支持されるお店を目指してはじめに経営計画を練ることが重要となります。目先の利益だけでなく、将来を見据えた利益の出しかたを考えなければならないのです。

●ロスを減らす

残念ながら、仕入れた材料のすべてが使えるわけではなく、どうしても廃棄する部分が発生する。形が崩れてしまったゆで卵を刻んでサラダの彩りにするなど、通常ロスになる部分をメニュー化できないかを考えてみよう。

損益分岐点を計算しよう

カレー店での具体的な数字を例に、1か月の損益分岐点を求めてみよう。
実際に計算するときは、自分のお店の支出やメニュー構成などをしっかり把握したうえで、綿密な計画のもとに算出することが求められる。

〔固定費〕

人件費	25万円
家賃	15万円
支払利息	4万円
その他	14万円
合計＝58万円	

〔変動費〕

材料費	①売上比※	②原価率	比率（①×②）
カレー	60%	35%	0.21
ドリンク	20%	25%	0.05
サラダ他	20%	30%	0.06
諸経費	売上に対して10%		0.1
合計			0.42

※売上比＝総売上に対して占める割合

① 数値を公式に当てはめる

損益分岐点＝固定費÷（1－変動費率）
＝58万円÷（1－0.42）
＝100万円

このお店では、最低でも維持しなければならない売上は、1か月に100万円となる。

② 1日の売上を算出

30日営業した場合……
100万円÷30日＝約3.3万円
25日営業した場合……
100万円÷25日＝4万円

この数字を
達成しなければ
お店は長く続かない！

正確な収支を把握して経営を安定させよう

損益分岐点を見積もることで、開店後のメニューの価格や商品構成も見えてくる。

この損益分岐点を正確に見積もるためには、材料費や光熱費、人件費（オーナー自身も含む）などだけでなく、借入金と利息の返済も含む店の全収支の把握が必要だ。火災保険や地震保険などの損害保険料は意外と忘れやすいので注意しよう。

また、変動費の幅がどれくらいあるか知ることも大切。たとえば水道代が2か月に1度の引き落としであれば、毎月の変動費の金額は大きく違ってくる。

メニューの価格は、相場を調べるとともに、損益分岐点も含めて決定するのが基本。価格は、値下げをするにしても値上げをするにしても、一度決めると変更しにくいものだ。

スタート時には、必ず経営全体を見渡して、より正確な収支を把握しておこう。

売上日報

毎日の収支を日報にまとめて分析し、今後の改善に活用しよう

売上目標を達成できているかを確認するために、売上日報は必ずつけたい。メニューごとの金額を明確にして、改善のヒントにしよう。

なるべく詳細に、しかし毎日続けられるフォーマットを

売上日報とは、1日の売上高だけでなく、男女別の来客数やメニュー別の注文数、人件費、仕入れ費、その他の経費などを記入したものです。

すべての記入が終了したら、諸費用をさしひいたその日の営業利益を計算して記入します。その日の気温、天気は必ず記入しておきます。

売上日報は、その日の利益を把握するためだけにあるのではありません。日報を分析することによって、今後の経営に役立てるためのものでもあります。いつもより女性客が増えているのであれば、なぜ増えたのか。夜の来客数が少ないと感じたのであれば、原因は何なのか。そういったことを分析し、日報にメモしていきます。分析する時間がなければ、とりあえず問題点だけでも箇条書きにメモしておけばいいでしょう。

売上日報はパソコンの専用ソフトやエクセルを使って作成することもできます。毎日のことですから、あまり時間をかけず手軽につけられるものがベストです。売上日報に決まった書式はありません。書きやすいフォーマットを自分なりにつくればいいでしょう。

オープンしてから1か月がたったら、月間売上を確認します。開店直後から黒字を出すことは難しいでしょうが、半年たっても開業前に決めた損益分岐点をクリアできていないのなら、客単価や席数、回転数などをもとに、改善すべき部分を探っていきましょう。

時間帯による売上まで把握できれば完璧

カレー店は時間帯によって混雑の度合いがまったく違います。効率的に営業するには、時間帯ごとの売上データもつかんで検討したいものです。注文伝票などで管理できる場合は問題ありませんが、そうでない場合、パソコンに自分で入力するなどして管理しましょう。

また最近のレジには、直接パソコンに売上データを送れる機種もあり、そういったものを利用するのもひとつの手です。

●複式簿記にはパソコンを利用

青色申告をする際に必要な複式簿記は煩雑だと思われがちだが、専用のパソコンソフトを使えば、日々の入出金を入力するだけで、自動的に申告用の書式が作れる。

売上日報をつけよう

毎日の売上を計算し、帳簿に記入してから１日を終える。この習慣により利益に対する考え方が明確になり、さらに先を見た経営ができるだろう。売上日報はパソコンの専用ソフトを使うと便利だが、手書きでもOK。とにかく毎日書いて、ほかの日と比較してみることが重要だ。

年　月　日　曜日　天気　気温

本日の売上目標		円
本日の売上高(A)		円
目標達成率		%
カレー売上	計	円
チキンカレー	食	円
野菜カレー	食	円
マトンカレー	食	円
トッピング(各50円)	食	円
ランチセット	食	円
サラダ	食	円
その他フードメニュー	食	円
ドリンク売上	計	円
ビール	本	円
チャイ	杯	円
コーヒー	本	円
人件費(B)		円
アルバイト		円
材料仕入れ費(C)		円
他経費(D)		円
営業利益(E) (E)=(A)−[(B)+(C)+(D)]		円

来客数	
男性	人
女性	人
子ども	人
合計	人

1 曜日、天気、気温などは来客数に関係するので必ず記入する。

2 売上目標は、席数や回転数などを考えたうえで損益分岐点なども参考にしつつシビアに決めよう。

3 売上高÷売上目標で達成率を計算。

4 どのメニューが人気でどれが不評か知るため、ひとつひとつのメニューについて売上を計算。メニュー数が多く煩雑になる場合には、小計の項目も付け加えて全体の割合を把握できるようにしておく。

5 社員とアルバイトの人件費は分けて記入する。

6 売上がよくても利益が増えていない場合もある。1日の終わりにしっかり検討し、明日の営業につなげる。

7 お客さまの男女比を知っておく。さらに、男性に好まれるメニューやランチ時に女性の注文が多いカレーなど、より細かく割り出すのもよい。

出店地域の周辺調査の方法と不動産契約時の注意点

出店場所の選定はお店の将来を左右する重要事項。周辺調査の内容と不動産契約時に気をつけるべきことをしっかり押さえておくこと。

出店場所の周辺調査に足を運ぶ

88ページのエリア選定をより具体的に行い、実際に不動産の契約まで行います。

人口や世帯数などの一般的な資料は自治体の統計課や商工会議所などで手に入りますが、自分でも足を運び人の流れや人数などを観察しましょう。昼、夕方、夜と時間を変えて観察したり、平日と土・日・祝日で比較したりして、商圏の様子をつかんでおくと役立ちます。往来する人の年齢や性別、タイプなどもしっかりチェックしましょう。もちろん、周辺の競合店の調査は必須。営業時間や定休日を調べれば、そのエリアの客層や人が集まりやすい時間が推測できます。エリアの選定で重要なのは、イメージだけでなく、実際にその場所を歩き、資料にあたって調査すること。住宅街だと思っていた場所に、意外と中小企業の事務所が多かったということはよくあります。できれば丸一日、少なくともランチとディナーの時間帯にそのエリアを訪ね、通行人を観察しましょう。

物件を借りるときはここに注意する

よい立地の物件が見つかったら、まず不動産業者に連絡し、内部を見せてもらいます。

賃貸契約は契約したあとの変更が大変なので、いざ契約書類を取り交わすときには以下のような点に注意しましょう。

①物件の広さ、賃料、保証料などの契約事項は正確で適正か

②契約後、工事や営業上の条件などが経営の妨げにならないか（たとえば、夜9時以降の営業禁止などの規定が含まれている、など）

どちらも納得がいくまで不動産業者に尋ねましょう。とくに②に関しては、契約後の工事や営業ができなくなった例が数多くあります。契約を結ぶ前に、契約書を確認してもらい、飲食店経営経験者などにアドバイスを受けるとよいでしょう。そのほか、退店時の物件の返却要件や、管理費や更新料の有無といった項目も要チェックです。

●返却要件も必ず確認を

不動産の契約では、借主が返却する場合の条件も必ず盛り込まれている。店が繁盛したり、残念ながら店をたたむことになったりしたとき、「現状復帰」が条件だと、内装をすべて壊すだけでなく、解体の費用まで借主が負担しなければならない。

店の状態をそのままで返却できる「造作譲渡」の権利がある物件かどうかを確認しないと、予定外の費用がかかってしまうのでトラブルにならないよう注意が必要だ。

物件探しから契約まで

出店場所を探して、不動産業者と契約するまでには、
下のような流れがある。
条件を確認しながら慎重に段階を踏んでいこう。

物件探し

・開業する地域を決める
　・客層やメニューに合った場所か
　・広さと規模は希望に沿っているか
　・家賃は妥当か
　・駐車場が必要であれば来店しやすい動線があるか
・競合店や周囲の商圏の状況など市場調査を行う

↓

物件選び

・居抜き物件か、工事が必要か
・設備・備品の確認
・看板の設置場所の確認
・契約内容や権利関係の書類の確認

↓

資金調達

・店舗取得費
・内外装費、設備費、運転資金

↓

申し込み

・申込金の支払い
（業者によっては必要なし）

↓

物件の確認調査

・契約を結んだあとのトラブルを防ぐため、専門業者に設備面などを確認してもらう

↓

契　約

一般的には、契約金は契約時に一括で支払う。しかし、金融機関などの融資を申し込み中で、受けられるかどうかわからない場合は、契約時には手付金だけを支払い、融資を受けたあとで残金を支払うこともある。

「申込金」と「手付金」、何が違うの？

契約前に支払う「申込金」は、物件申し込みの順位保全や、その物件を借りたいという意志を確認するのが目的のお金。

契約が成立すると、申込金は手付金の一部となる。しかし契約成立前に申し込みをやめると、申込金は返還される。

申込金を支払うときは必ず「申込証拠金」の領収書を書いてもらい、申し込みを撤回した場合でも、すぐに返金してもらえることを確認しよう。

また、金融機関の融資が受けられるかどうかわからない場合は、順位保全をいつまでしてもらえるか聞いておくこと。

「手付金」は、申込金とはまったく異なり、契約が成立した証拠となるもの。だから、手付金を支払ったあとに借主の都合で契約をとりやめる場合は、手付金は全額返還されないので注意が必要だ。

申込金とは違い、手付金は高額になるため、契約は慎重に行うべきである。

物件選び1

お店のコンセプトと売上目標を両立できる物件を探そう

物件選びに必要なのは、自分のコンセプトを貫くことと利益を上げられるかどうか。しかし、何より大切なのは、お客さまの支持を得られるかだ。

物件は広ければいいわけではない

必要な店舗の広さは、売上目標とコンセプトから導き出されます。

たとえば、1か月の営業日が25日であれば、100万円を売り上げるためには1日平均4万円の売上が必要となります。店の客単価を1000円に設定しているのならば、1日に40人の来店が必要で、客席が10席なら少なくても4回転させなければなりません。このように客席数は売上に大きな影響を与えますが、店舗を広くして客席を増やすと、物件取得費用や家賃もその分大きくなり、人件費、光熱費などの経費もかさんでいきます。また、スタッフの数に対して店舗が広すぎると、かえって接客が行き届かなくなる場合もあります。広ければいいというわけではないことを肝に銘じておきましょう。

カレー店には厨房、トイレ、レジのスペース、材料をストックしておくバックヤードも必要です。それとともに、スタッフの動線を考える必要もあります。店舗面積が狭いと、十分なスペースを取れないということにもなりかねません。狭すぎても勝手が悪く、こうしたことを考慮したうえで、必要な店舗の広さを検討していきましょう。

多少の妥協も物件選びには必要

飲食店は立地によって利益が決まるといわれていますが、理想に近い物件はなかなか見つからないのが現実。物件選びに半年を費やした店主もいるといいます。

物件を探す際には、お店のコンセプトに合ったエリアや立地で探すことが大切ですが、まず「投下した資金に見合った利益を出せること」が大前提。求めている条件に合った物件がどうしても見つからないときは、多少コンセプトを変更するといった柔軟さが必要となることもあります。

何より大切なのは、お客さまに行き届いたサービスをして、お客さまに支持されるお店をつくることです。その点を踏まえて、物件を選びましょう。

●飲食業の店舗の広さは？

1坪（3・3平方メートル）で1・5席が平均といわれていますが、ランチタイムを中心にするなど店のコンセプトによってカレー店はカウンター席をメインにすることもできるので、平均より小さいスペースでも開店できます。

収支計画に合った物件を選ぼう!

物件を選ぶときには、自分の収支計画と照らし合わせて選ぶことが重要となる。その際に参考になるのが、客単価と回転数。下記のように売上高を予測して、物件を選んでいこう。

●物件の概要

広さ	家賃	管理費・共益費
15坪	15万円	2万円（坪あたり約1,340円）

●座席　1.4席 × 15坪 ＝ 21席

※1坪当たり1.4席として計算

●客単価と回転数

	昼	夜
客単価	850円	1,200円
回転数	2.5	1.5

昼はサラダやドリンクを一緒にしたランチメニューも用意。
夜はビールやカクテルなどのアルコール類を提供。

●営業日＝25日間

●売上高

(昼) 850円×21席×2.5回転×25日
＝111万5,625円

(夜) 1,200円×21席×1.5回転×25日
＝94万5,000円

合計　206万625円

一般的に、
売上に対する
家賃の比率は、10%以下
が理想といわれている。

20.6万円 ＞ 17万円
（家賃＋管理費・共益費）

この物件は、検討の余地
があるといえる

お店を開きたいのなら現場で学ぶのが一番

開業したお店を軌道に乗せるには、売上目標を含めた各種の数字をしっかり把握し、資金不足に陥らないようにすることが大切だ。しかし、商売の経験が少ないと、根拠となる金額や客の回転数を算出することすら難しいもの。そこで、現実的な数字を知るためには、実際にカレー店や飲食店で働いてみるのが一番ということになる。1日の仕事の流れや食材の仕入れ先、客への対応など、経営の勘所が実地で学べるというメリットもある。

もちろん、開店後に競合しないよう、働く店は開業予定地から離れた場所を選ぶのが筋。そうすれば開業後には同業者として情報交換することもできる。

現場で学んだことは、融資を受ける際にも生きてくる。経験に基づいた数字をもとにして説得力のある開業計画書をつくれば、金融機関の融資担当者への強いアピールとなるだろう。

物件選び2

設備・容量は十分かをしっかりチェックしよう

設備と容量は、お店が繁盛しても足りるかどうかの視点でチェック。周囲に迷惑をかけないよう、空調やゴミ出しなどについても細心の注意をはらうこと。

設備と容量の確保と、メンテナンスなどの注意点

物件の候補が決まったら、内見(下見)をして、必要な設備や機能がそろっているかを見ておきます。

電気やガスの容量や栓数(プロパンガスを使う場合は置き場所があるかどうかも)は、足りない場合に引き直すと多額の費用がかかるのでしっかり確認しましょう。また、メニュー数にきちんと対応できるか、厨房に立つ人数も考慮して検討します。

飲食店では大量の水と油を使うので、給水・排水設備もしっかりチェックします。厨房からのにおいや煙などはトラブルのもとです。

また、飲食店は長時間にわたって強い火力を使うため、排気・吸気設備には気を使う必要があります。厨房内がサウナのようになれば仕事の効率は落ち、客席に熱気・蒸気がこもれば、お客さまに不快感を与えることになります。適切な排気設備がないと百万円単位の設備投資が必要なこともあるので、注意が必要です。空調設備がすでに設置されている場合、メンテナンスを借主、貸主のどちらが担当するのか、費用はどうするのかも確認します。

ファサード(エントランス)などの範囲まで確保できるのか、看板を置いたりできるスペースはあるかも調べておきましょう。飲食店はゴミに関するトラブルが多いので、ゴミの置き場、捨て方などにも物件選びの際に説明を受けましょう。

居抜き物件を借りるときのチェックポイント

「居抜き物件」の場合は、エアコンや冷蔵庫などの設備がすでに設置してあります。しかし、これらがすべて問題なく動くとは限りません。

引き継ぐ設備のリストを細かく作り、それぞれに故障や不具合がないか、ガスコンロの火力や、エアコン、冷蔵庫などの容量が十分かどうかなどもチェックしましょう。

エアコン、冷蔵庫などは修理にも廃棄にも多額の費用が必要です。契約後の不具合には費用を請求できないことがほとんどなので、必ず動作確認を行いましょう。

●居抜き＝経費削減とは限らない

居抜きとは、家具や設備をつけたまま売買される物件のこと。飲食店の場合、コンロや冷蔵庫などがそのまま使えるので、開業費用が低く抑えられる。

ただし居抜き物件ということは前の店の閉店を意味するので、その理由については不動産業者だけでなく、物件周辺の人やインターネットなどで調査する必要がある。

またエアコンや冷蔵庫などの設備が古い場合、故障の心配とともに、現在のものより電力効率が悪く、消費電力が大きいことも頭に入れておこう。お得に見える居抜き物件でも、慎重に。

設備・容量のチェックポイント

- ☑ 電気・ガスの容量は十分か
- ☑ 給排水の設備は十分か
- ☑ 排気経路は確保できているか
- ☑ 空調機はついているか
- ☑ 看板が設置できる位置、入り口の使用範囲は明示されているか
- ☑ ゴミ置き場とゴミの捨て方のルールは確認したか

《付帯設備の確認を行う》

- ☑ 付帯設備のリストを作る
- ☑ 設備の故障や修理の履歴
- ☑ すべての機器の動作確認

基本的な電気機器の消費電力（一例）

電気機器の消費アンペア数はワット数÷100で割り出せる。ブレーカーが落ちて営業の妨げにならないよう、十分な電気を確保しよう。大量の電気を使用する場合の基本料金は、家庭向け電気料金より割安になるので、電力会社に確認を。

「定期借家契約」って何？

従来の借家契約では、契約期間満了時に貸主が契約の打ち切りを求めても、正当事由がなければ契約更新できることになっていた。また、賃料についても、不当に高い額の値上げを拒否することができた。

しかし、２０００年に施行された「定期借家制度」の契約をした物件では、借主と貸主の間で契約期間を定め、期間満了後は貸主側の意向で契約を終了できる。このため、引き続き同じ物件を使用したい場合は再契約が必要で、その際に賃料の値上げなどを要求されたら、受け入れなければならない。

契約前に目当ての物件が定期借家契約なのか、従来型の借家契約なのかを確かめておく必要がある。

店舗物件にも、定期借家契約のものがある。定期借家契約の物件は、従来型の借家契約のものと比べ賃料が低いことが多いが、再契約時の出費を考え、長い目で見て判断しよう。

column #02

体力の温存で、余裕のあるお店運営を

営業時間が長いほうがお客さまは多く見込めると思って、つい「目いっぱい営業したい」と考えがち。しかし、飲食店は体力が勝負。疲れたからとお店を閉めるわけにはいかないのだ。勤務体制についても、よく考えておこう。

お店の営業時間以外にも仕事はたくさんある

注文を受けてからの作業は、仕上げと盛り付けが中心となるカレー店は、オペレーションが比較的容易だと思われがち。しかし、ほかの飲食店の例に漏れず、特にオーナーシェフの場合にはお店の営業時間以外の仕事が目白押しです。店舗の清掃と仕込みだけでも、開店前に数時間は必要。休日にも仕入先を探したり、必要な備品を買い足したりと、休みのない日が続くでしょう。

だからといって、疲れ果てた顔でお店に立つことはできません。接客もするのであれば、あなたが「お店の顔」。体力には余裕をもって、常に明るい笑顔でお客さまを迎えたいものです。

たとえば、14時30分に昼営業が終了したらいったんお店を閉め、17時から営業を再開する、お店を閉めずに営業する場合は交代制の休憩時間を設けるなど、客足が落ち着く時間帯を利用して上手に休憩を取ることが必要です。

夜営業分の仕込みやレジの確認など、休憩の間にもオーナーには仕事がたくさんありますが、30分程度でもいいので必ずきちんとひと息つく時間を設けましょう。

そうでなければ、自分自身もスタッフも体がもちません。

開店直後は効率のいい時間帯に営業時間を限定

繁華街では終電間際や深夜の時間帯にもピークタイムがあります。しかし売上がほしいからと安易に営業時間を長く設定するのは考えもの。

個人店の多くは経営が軌道に乗るまでは少人数のスタッフでお店を切り盛りしなければならず、一人当たりの労働量が非常に多くなります。そんな状態で早朝から深夜まで働く生活を毎日続けると体も心ももちません。

開店当初は最も効率よく売上が上がる時間帯に絞り、経営が安定してきたらスタッフ数を増やして営業時間を延ばすなど、無理のない営業を心がけましょう。

体力温存のポイント

休息をこまめにとって長時間労働を乗り切ろう

お客さまの入りが落ち着く時間帯は体を休めつつ夜営業の仕込みを行うなど、効率よく時間を使おう。ただし、長時間労働を乗り切るため、短時間でも休息はしっかり取ることが大切。

無理のない営業時間を設定する

利益を上げようと営業時間を長くして体を壊しては本末転倒。また「やっぱり無理だ」と開店後に時間を変更してはお客さまの不興を買うおそれも。営業時間は余裕がある程度に設定しよう。

頼れるスタッフの育成を目指そう

レジ閉めなど、ある程度仕事を任せられるスタッフを育成しよう。自分がお店を空けても安心になれば、体の負担が軽減するのはもちろん、空いた時間を開発やお店づくりに利用できるメリットもある。

第5章

店舗づくりのノウハウ

店舗にする不動産物件が決まったら、すぐに工事に向けて準備を開始します。
家賃は契約日から発生してしまうので、なるべく迅速に進める必要があるのです。
お店に必要なものは何かを決め、什器の手配も同時に行いましょう。

店舗づくり1

店内の動線をしっかり考えて使いやすいレイアウトづくりを

物件が決まったら、本格的なお店づくりの始まり。まずはお客さまとスタッフの動線を考えて、使いやすく動きやすいお店のレイアウトを考えよう。

客席数と店舗の面積を考えたレイアウトづくり

レイアウトづくりでは、まず事前に検討してあった客席数をもとに、店舗の面積に応じて厨房と客席エリアの広さの配分を決めます。

飲食店では厨房と食材の保管場所を合わせた面積が、店舗面積全体の30～35％程度にするのが一般的です。

厨房をレイアウトする際には、メニューと調理手順を決め、調理回数が最も多くなりそうなメニューを少ない移動で出せるようにレイアウトを考えます。

調理と提供がラクに行える配置にすることで、より多くのお客さまに理想的な味の料理を出しやすくなります。

厨房内の配置を決めるときは、冷蔵庫、ガスコンロ、シンクなどの厨房機器の50分の1程度の縮尺でカードをつくり、図面上で並べ替えながら何度もシミュレーションすると、イメージしやすくなります。

最も混雑する時間帯をイメージしたレイアウト

店内の人の動きは、お互いがぶつからず、移動距離をできるだけ少なくすることが理想です。

料理の提供時と食器を下げるときは人の動きが激しくなるので、最も混み合う時間帯をイメージして、効率的に動けるレイアウトを考えます。

客席にカウンター席をつくる場合は、席の後ろに十分な通路をとったうえで、1席の横幅は65センチ以上、奥行きは50センチ以上にすると圧迫感が少なく快適といわれます。

カウンター席のみの店舗なら、カウンター越しに料理を提供して、お客さまがカウンターの上に食器を戻せるようにすることで動きを大きく減らすことができます。

ただし、お客さまの協力を得る場合は、配慮も必要です。

カウンターなどに、「お手数ですがカウンターの上に置いていただけると大変助かります」といったメッセージを貼って協力を促しながら、協力していただいたら「ありがとうございます」と感謝の気持ちを忘れずに伝えるようにしましょう。

●動線を整理してコスト削減

人が働くことは、人件費が発生しているということ。より短い時間でつくってすぐにお客さまに提供できるほうが、かかる人件費は少ないことは明らかだ。

スタッフが動きやすい店内は、それだけでコスト削減効果がある。また、店内が見渡しやすい店舗は、常にお客さまの様子がわかるので、次にするべきことがすぐに準備でき、お客さまの立場に立ったサービスができる。このように、スタッフにとって使いやすく、働きやすい店舗は繁盛店の基本といえる。

調理と提供を効率的に行えるお店づくり

厨房と客席の動線を効率的に考えて、スタッフやお客さまが過ごしやすく動きやすい理想的なレイアウトを考える。

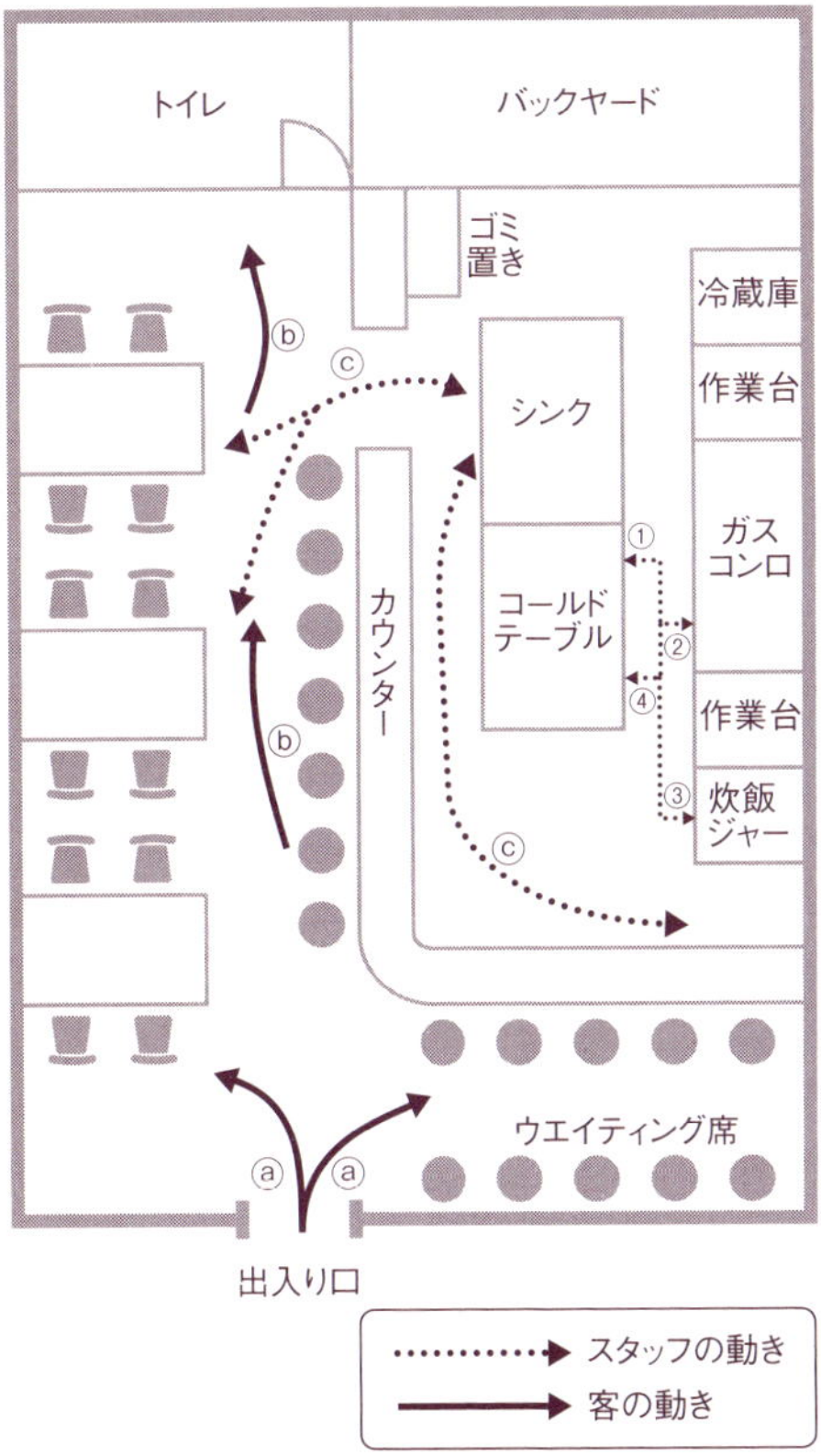

厨房

カレーをつくる場合の基本的な動きは
①作業台（コールドテーブル）の上に材料を出し、具材の下ごしらえをする
②必要に応じて具材を焼く・炒める・煮る
③ご飯を器に盛り、カレーソースをかける
④コールドテーブル上で仕上げをする
の4つ。
この動きに、同時にサイドメニューの注文があることも想定して、ムダな動きを減らすよう、手順をシミュレーションする。

客席

限られたスペースの中でスムーズに移動できるように動線を設計する。
ⓐ入り口から客席へ
ⓑ客席からトイレへ
ⓒスタッフが給仕する動き
の3つを配慮し、お客さまとスタッフの動線が両立できる配置を考える。

店舗設計をする際の注意点

●水回りに注目

多量の水を使う飲食店では、水回りの配置が調理の効率を決める。

水道管やガス栓、排水管などは簡単に移動できないため、厨房のレイアウトは物件探しの時点から考えておくべき。

●オープンキッチンと換気

最近、厨房と客席をきっちり分けないオープンキッチンにするお店も増えている。ただし、大量に発生する湯気や油煙を嫌うお客さまも多いので、排気や換気には十分配慮しよう。

タバコのにおいに敏感な人もいるため、全面喫煙可にするのか禁煙とするのか、時間帯で制限するかなども考慮しよう。

食器を洗ったり、ゴミを置いておく場所と客席を離して見えないようにレイアウトするのはいうまでもない。

店舗づくり2

設計業者と工務店を選ぶ際の注意点

内装はお店のコンセプトを表現する大事な要素。
オリジナリティを表現していこう。
設計から施工の期間、
主張すべき点は主張すること。

設計業者は無理を言えるところに依頼する

設計を依頼するなら、やはりカレー店をはじめ、飲食店を設計した経験のある業者がベストです。

気に入った店があったら、オーナーに設計担当者を教えてもらい、連絡を取るといった方法を試みるのもいいでしょう。飲食店専門誌やインターネットでもさまざまな事例を探すことができます。

担当者が決まったら、物件を決める際のガスや電気、水道などのチェックにも同行してもらいましょう。

内装のデザインを依頼するときは、「カウンター席とテーブル席があり、カレーはインド風を中心に4種類、サイドメニューは2種類。ドリンクはビールとソフトドリンク。インテリアは赤を基調に、ランチや仕事帰りのビジネスマン、若い女性ひとりでも来店しやすい雰囲気」というように具体的に伝えます。

場合によっては、言葉だけでなく、絵に書くなど、イメージを明確に伝えるための工夫を忘れないようにしましょう。

業者は知り合いからの紹介だと無理を言いやすいでしょう。地元の業者であれば、開店後もそのつながりからお客さまを呼び込むことができるかもしれません。

目に見える金額的なことだけで業者を決めるのではなく、目に見えない要素も考慮するといいでしょう。

施工業者には分離発注もできる

設計された図面に従って作業をするのは工務店の仕事です。窓口となる設計業者が取引のある工務店に施工まで一括発注する場合が一般的ですが、設計だけを依頼して、工事に関わる専門業者を自分で選ぶ「分離発注」も可能です。

分離発注は、直接、各専門業者に意見が言えるため、自らが店づくりに参加でき、思いどおりの店をつくりやすいのがメリットです。ただし、業者を選ぶ際に複数の専門業者から見積もりを取ったり、折衝するなど、一括発注に比べ、時間がかかる点には留意する必要があります。

●必ず見積もりを出してもらおう

設計・施工を一括で行う場合には、もし業者が決まっていたとしても、業者に詳細な見積もりを出してもらう。

できればほかの業者にも見積もりを依頼して、大きな差がないか確認したい。このときにあまりに安い場合には、問題があるかもしれないので要注意。金額の差が大きい場合は、値下げの交渉だけでなく、業者の変更も視野に入れた交渉が必要になる。

また、工事の遅れなどで無駄な経費がかからないよう、作業工程表も提出してもらおう。

一括発注と分離発注のメリット、デメリット

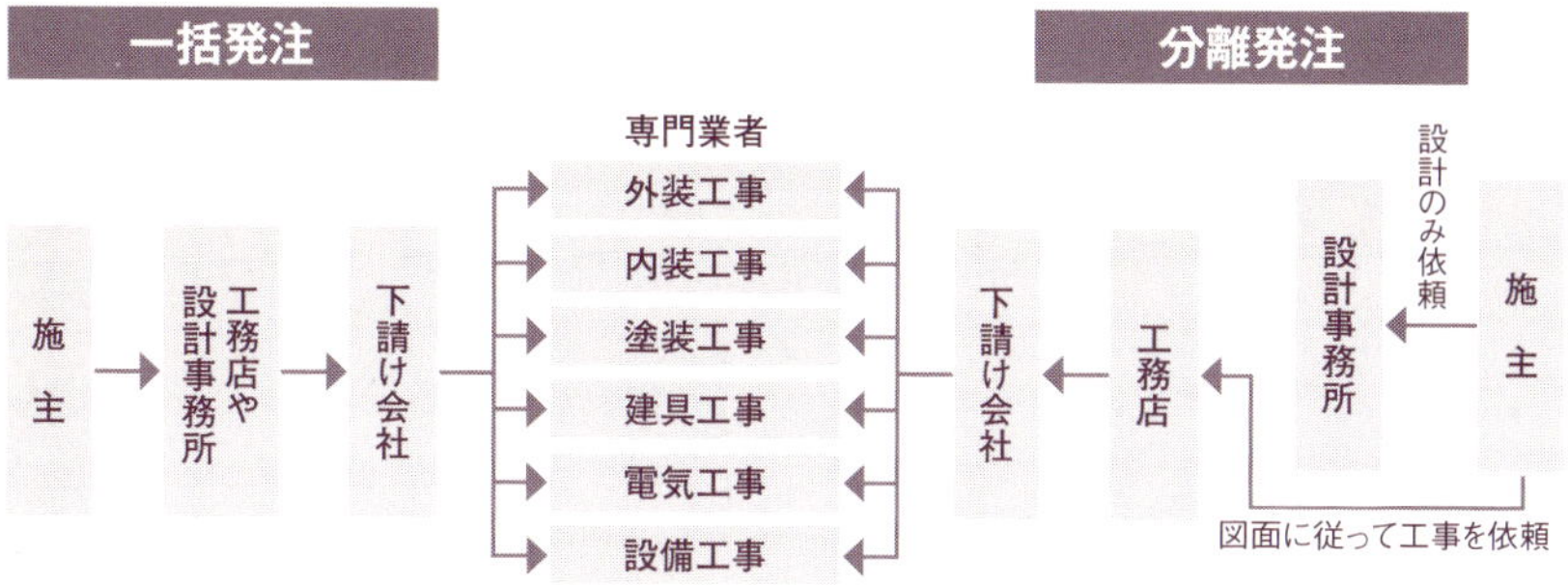

	一括発注	分離発注
メリット	窓口がひとつになるので、時間の節約になり、手間が減る	設計担当者に直接意見が言えるので、自分の理想が実現しやすい。工事の工程管理も依頼できる
デメリット	細かい希望が反映されにくい場合がある	一括発注より割高で、時間もかかる場合が多い

DIY（セルフビルド）のススメ

メリット

- コストを削減できる
- 自分のお店に愛着がわく
- 作業効率を無視した内装がつくれる
- 自分のセンスをお店に反映できる

デメリット

- 作業効率が悪く、時間がかかる
- 家賃など余計な費用が発生することもある
- 肉体的、精神的に疲れる
- 業者に依頼するより完成度が低い

セルフビルドのポイント

DIYとは、DoItYourselfの略で自分で大工仕事を行うこと。内装工事を自分でやれば、お店のコンセプトを表現しやすくなるとともに、開業資金を抑えることもできる。また、自分で手がければ、「自分の店」という実感が強まり、より愛着が深くなるだろう。

現在は大きなホームセンターが全国各地にあり、インターネットを活用すれば、業者が仕入れるのと同等の値段で、たいていの建築資材はそろうはずだ。

しかし、すべてを自分で行うのは無謀ともいえる。工事中でも当然、家賃は発生するため、時間がかかりすぎてしまえば、結果的にはコスト高になってしまうこともある。壁紙の貼り替えや什器のセルフビルドなど、こだわりを出しやすく簡単な部分は自分で、専門家に頼めば早くきれいにできる部分は業者に依頼するなど、効率のいい割り振りを考えることが重要だ。

設計のチェック

理想のお店に仕上げるためにも設計図面は詳細にチェックしよう

設計図面ができてきたら、調理・接客側の動線とお客さまの動線をシミュレーションして不備がないか打ち合わせよう。

設計図面に一発OKはない！

設計図面が上がってきたら、依頼のときに伝えた内容が希望どおりに生かされているか、イメージと合っているかどうかを確認します。

一度で思いどおりの図面が仕上がることはまずないので、設計担当者と何度も打ち合わせをして修正していきます。

「厨房や店内の動線がうまくできているか」、「店内を見渡せる設計になっているか」を念頭に置きましょう。開業後に効率的な仕事を可能にするだけでなく、人件費をおさえられる大事なチェックポイントです。

また、飲食店ではひと目で何のお店かわかる看板、照明などの外装設備も重要といわれています。

店舗の出来上がりイメージをつかむため、お客さまの目につくファサードや看板、客席などの設計はパース（絵）を描いてもらいましょう。

最近では、完成後のイメージをつかめるCGを使った立体図面を見せてくれる場合もあるので確認してみるといいでしょう。

工事期間中も担当者にイメージをしっかり伝える

実際の工事費用は担当する工務店が決定しますが、店舗設計時にも見積もりを出してもらいましょう。

施工にかかる金額の見積もりが予算をオーバーしたら、当初の希望から不要な順に削って減額調整をします。

設計図面には、使用する材料や工事の方法、塗装の種類などが示されています。そのなかで優先順位をつけ、なにかで代用できるもの、省略してもよいと思えるものがあれば、設計担当者と打ち合わせをしながら減らしていきます。

このときに、自分の意見をしっかり主張し、納得できる状態にしていないと、開業後に不具合が生じたり、理想とは異なる店舗運営を余儀なくされるかもしれません。

気になるところは物怖じせず、なんでも担当者にたずねて、不明な部分をなくし、より自分の理想に近い店舗づくりを目指したいものです。

●設計事務所、工務店の上手な探し方

設計事務所や施工業者は、自分の気に入ったお店を手がけたところにお願いするのが、一番手っ取り早い。そのほか、電話帳やインターネットで探す方法もある。ホームページには、過去の施行例などが公開されている場合も多く、得意分野がわかりやすい。

設計図面で注意すべきポイント

設計図面はお店のコンセプトを形づくる大切なもの。工事がはじまってから、「やっぱり変えたい」となれば、当然関係者には迷惑がかかり、いい気分はしないだろう。また、時間だけでなく、余計な費用もかかりかねない。そうならないためにも、設計図面の段階で隅々まで見ることが重要だ。ここにあげたチェック項目はほんの一例にすぎない。自分なりのチェックリストをつくっておくといいだろう。

チェック	場所	確認すること
□	看板のデザイン	遠くからでもカレー店だとわかるか、店名は読みやすいか、設置場所に問題はないか
□	外観（ファサード）	入る場所がわかりやすいか、店のイメージが伝えられているか
□	店舗入り口	客の到着がすぐわかるか、ウエイティング席はあるか
□	テーブル&イス	希望した座席、高さがあるか、客が移動しやすい配置か
□	カウンター	客層やコンセプトを反映した適正な高さか、希望した席数がつくられているか
□	小上がり（靴を脱いで上がる座敷）	広さは適当か、使いやすい席か
□	トイレ	広さは適当か、清潔感はあるか、掃除しやすいか
□	照明	コンセプトを反映した照明か、手入れはしやすいか
□	床	色や素材が店のイメージと合っているか、はがれたらすぐ同じ素材が用意できるか
□	天井	色や素材が店のイメージに合っているか、清潔感はあるか
□	壁	手入れしやすい材質か、イメージに合った色か
□	レジ台	使いやすい位置に設置されているか、適正な高さか

自分のお店の模型をつくってイメージを固めよう

はじめての開業の場合、店舗の設計や工事の方法にも馴染みがないので、つい「こんな設計がいいですよ」という設計担当者のアドバイスを鵜呑みにしてしまい、イメージと異なる仕上がりに後悔することになりがちだ。

そういったことを避けるために、着工前に理想の店の模型をつくってみるのもいいだろう。

紙でかんたんな店舗模型を作成して検討する方法もあるが、店舗の簡単な図面がつくれ、それを立体的に見ることのできるパソコンソフトも販売されている。

設計担当者はプロだが、だからといって、伝えていないイメージを具現化できるわけではない。

スクラップブックも併用しながら（84ページ）「なぜそういう店がよいのか？」を伝えることを肝に銘じ、あの手この手を使って自分のイメージをしっかり伝える工夫をすることが大事だ。

工事業者の決定

施行業者と契約するときに気をつけなければならないこと

施工業者に依頼するときは、必ず「相見積もり」をとり、金額の根拠を明確にしておくことが大切だ。また、契約内容もしっかりチェックし、悔いの残らない店舗づくりを進めよう。

複数業者の見積もりを細かくチェック

設計が終わったら、その図面をもとに複数の施工業者に工事費用の見積もりを出してもらい、比較検討します。これを「相見積もり」といいます。

とくに店舗づくりがはじめての人は、それぞれの工事に対して支払う相場がわからないので、複数の業者から見積もりをとって、相場の金額をつかむことが大切です。

相場を知れば、見積もりで高い金額提示を受けても、すぐに「もう少し安くしてくれませんか」と交渉ができます。しかし、相場がわからなければ、高い値段でも契約してしまうかもしれません。

設計から工事まで一括して担当する業者を選ぶときも、相見積もりを取ることで、費用の交渉がしやすくなります。見積書には、工事の区分ごとに、使用する予定の素材の単価と数量、工賃などをすべて記載してもらいましょう。

たとえば塗装工事なら、客席天井、厨房天井、壁などに項目を分けて、それぞれの単価と塗装面積がわかるようにしてもらいます。

こうすることで、自分が望んだ仕上がりと違うものになった場合も、見積書に書いてあったとおりにつくり直してもらうよう交渉できます。

また、設計担当者にも必ず各社の見積書を検討してもらいましょう。

契約する前にここに注意しよう

見積書を検討して条件の良い業者を決めたら、契約内容をくまなく詳細に確認したのちに、契約書をとり交わします。

契約金額、工事開始日や引き渡し日、支払いの方法などはもちろん、契約の期日までに工事が終わらなかった場合の違約金などのペナルティーや、設計図面と違った場合の再工事、追加工事の発生についても業者と話し合い、契約に入れるようにします。

同時に、開店までのスケジュールを明確にするために、「作業工程表」を提出してもらうようにしましょう。

●引き渡しは慎重に

設計図面のすべての工事を終え、片付けを済ませたら、店舗を依頼主に引き渡すことになる。

引き渡し日には、工事に問題がないか依頼主と業者の双方で確認し、確認書類に署名する。もし店舗に問題が見つかった場合は再工事を依頼し、工事が終了する日を確認しよう。

また、厨房機器などのメンテナンス方法や、問題が起きた場合の連絡先もこの日に確認すること。

設計・施行業者との契約の流れ

設計業者を探して施行業者に依頼し、店舗が完成するまでには1年ほどの時間がかかることも珍しくない。オープン直前にあわてることのないよう、将来の開店日から逆算して、計画的にスケジュールを立てておきたい。

1 設計業者を探す

開店の1年～1年半前
自分好みの飲食店のオーナーに、その店の設計者を紹介してもらうとよい。またはインターネットなどで実績を見る。

2 設計を依頼する

開店の4か月前
信頼できる人を選んで契約。工事の管理も請け負ってくれるか確認する。

3 図面の提示と見積

開店の2～4か月前
数社の施工業者（工務店など）に図面を渡し、どれくらいの金額で請け負えるかの相見積もりをとる。

4 見積書の比較・検討

図面の提示から2週間程度
見積書の内容に欠けているものがないか設計担当者がチェックし、条件のよい施工業者に依頼する。

5 施工業者への発注

開店の2～3か月前まで
施工業者と契約し、工事が開始。工事中は設計担当者に管理を依頼しつつ自分でもこまめに足を運ぶ。

6 竣工・引渡

開店1か月前まで
設計担当者に竣工時のチェックを依頼する。

保健所の営業許可の基準を知っておこう

飲食店を開業するには、保健所から許可をもらわないといけない。保健所の許可は決して形式的なものではないので、店舗を用意したのに許可がおりないという事態に陥らないためにも、内装工事を始める前に、右に挙げた保健所の基準をしっかり確認しておこう。

※詳しくは管轄の保健所に問い合わせを。

- 調理場が仕切られていること。具体的には、調理場の入り口にドアがあること
- シンクが2槽以上あること
- 給湯設備があること
- 調理場に手洗いがあり、せっけん液があること
- 調理棚に扉がついていること
- 調理場に温度計があること
- 冷蔵庫に温度計がついていること
- ふたつきのゴミ箱があること
- トイレに手洗いがあり、せっけん液があること

厨房に必要な機器類を確認しよう!

飲食店を開くには、さまざまな基準があるが、
それぞれの自治体の営業許可基準もそのひとつ。
店舗の広さや厨房などの施設が一定の基準になければ、
開業できない。店舗設計をする前に、
どのような機器類が必要なのかを確認しておこう。

必要な機器

洗浄設備

食材や食器を洗うのに必要。営業許可基準では2槽以上と定められていることが多い。食器洗浄機を使用すれば1槽でも大丈夫な場合もある。

ガスコンロ(ガステーブル)

具材を炒める、焼く、煮る。また、サイドメニューの内容によって必要な火力や口数が変わるので、しっかり確認を。

テーブル

理想的な席数や想定する客数をもとに、必要数を決めよう。2人用の移動可能なテーブルを用意しておけば、多人数にも対応できる。飲食用のテーブルは、高さが70～75㎝程度にするといいといわれる。

イス

イスを引いて立ち上がる際には、テーブル天板から少なくとも70㎝は必要といわれるので、そのあたりを考慮して選ぼう。

製氷機

お客さまに出す水に入れる氷をつくるもの。

作業台

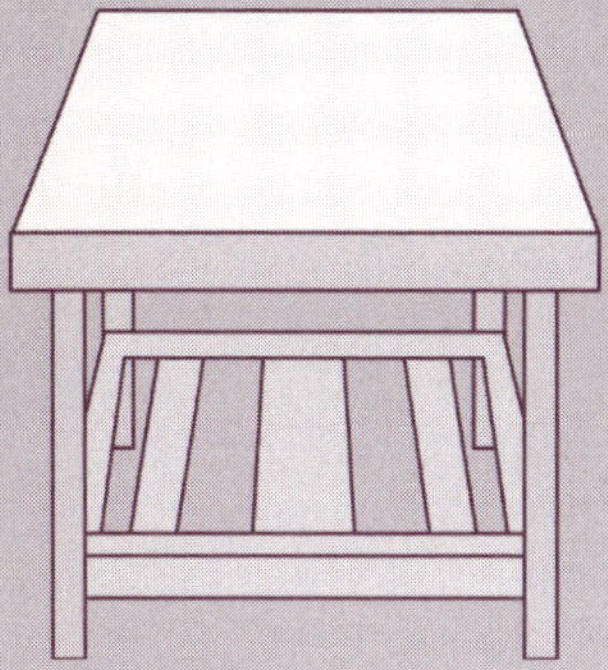

調理をする台の高さは、身長÷２＋５cmが目安といわれる。台の下に引き戸式収納がついているものは省スペースになる。台の下に冷蔵庫がついたコールドテーブルは、食材などの保管に便利で、作業効率も向上できる。

場合によっては必要な機器

冷水器

なくても「お冷」の提供はできるが、導入してセルフサービスにすれば、スタッフの手間を省くことができる。

コールドショーケース

飲料などを入れるための中身が見える冷蔵庫。客席側に設置することでドリンクメニューの役割を果たし、ドリンクメニューの売上に貢献する効果も。

冷凍冷蔵庫

食材を保管する冷凍冷蔵庫。大きさは提供するメニューに応じて決めよう。カレー店の場合は野菜や肉類の量に合わせる。冷蔵庫内には温度計を設置することが義務づけられている。

炊飯ジャー

保温ジャーも必ず用意し、連続して炊けるようにしておくことで、客を待たせる事態を防げる。

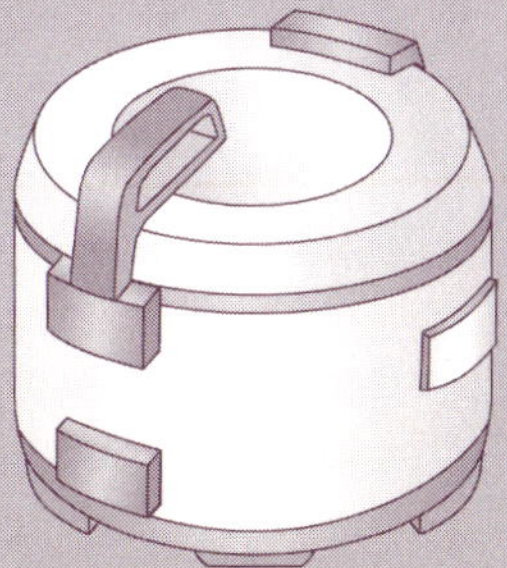

column #03

工事期間中はここに注意！

開店準備期間中に休む暇はない。たとえ店舗の工事は人まかせだったとしても、
その間も確認すべきことはたくさんある。
また、近隣住民やショップとの付き合いがはじまるのもこの時期から。トラブルは絶対に避けよう。

工事期間中は、現場が「お店の顔」であることを忘れずに

工事期間中に、もっとも避けたいのが住宅街での近隣住民とのトラブル。常連ともなり得る潜在的なお客さまに不快感を与えるのは、経営的にもマイナスになります。

工事がはじまる前に１軒１軒あいさつに行き、工事の日程表や連絡先を書いた文書を配るなどして、トラブルを未然に防ぎましょう。

その際、ただ郵便受けに投函するのではなく、可能なかぎり顔を合わせ「何かありましたら、いつでもご連絡ください」と伝えることが重要。そうすることで相手に与える印象はぐっと良くなります。

着工後も、できるかぎり現場には足を運びたいもの。その際にも近隣の住民や通行人には、にこやかなあいさつを忘れずに。

工事期間中は、現場が「お店の顔」。工事現場の壁に貼る、オープン告知のポスターが効果的なのと同様、ネガティブな印象も開店してからの営業に大きく影響します。工事の騒音が大きすぎないか、歩行者の通行の妨げになっていないかなどを逐一確認しましょう。

工事をしてくれる人たちと信頼関係を築くこと

また、現場を訪れる際には、作業してくれている人たちのために飲み物や菓子類の差し入れをしましょう。現場の人たちへの感謝を伝えることで、信頼関係が築きやすくなるからです。

そのうえで、どんなことでもおろそかにせず、わからないことはその都度しっかり確認していく心構えが大切です。

工事がはじまってから変更したい箇所が出てくることはよくあるもの。工事について気軽に話や相談をすることのできる雰囲気があれば、そうした場合にも相談に乗ってもらえる可能性が高くなるのです。

お店のオーナーはあなた自身。どんな問題も自分の責任となってふりかかってきます。下に挙げたような失敗を未然に防ぐためにも、現場にはなるべく足を運び、施工業者とのコミュニケーションを意識的にとるようにしましょう。

店舗工事で発生する失敗例

失敗例	対策
壁や床、テーブルなどの素材がイメージと違った	工事前や工事期間中に現物やサンプルを見られなかったための失敗。工事中に少しでも違和感を覚えたら、担当者に聞いてその場で明確にしよう。
段差やカーブが多く、使いにくいレイアウトになった	平面図だけを見ていると高低差に気がつきにくい。このようなことが起きないよう、設計担当者にはパース（内装のイメージがつかめる立体的な図）をあらかじめ描いてもらうことが大切。
工期が大幅に伸びて、家賃を余計に支払うはめになった	あらかじめ、契約時に引き渡し日が遅れた場合のペナルティーについても決めておこう。また、作業工程表があり、監督担当者がいたとしても、自分の目で進行状況をチェックすること。
手抜き工事で内装の仕上がりが雑になった	こまめに現場に足を運んでいれば避けられた失敗。仕上がりの程度が自分ではわかりにくい場合は、設計担当者や知り合いの飲食店店主に現場へ同行してもらい、アドバイスを受けよう。

第6章

オープン前後!
最後の仕上げ

店舗の内装が完成すると、いよいよ自分のお店がオープンです。
やり残したことはないか、もう一度確認してみましょう。オープン初日は
ゴールではなくスタート。調整を繰り返しながら、お店を軌道に乗せましょう。

オープン前の再点検

毎日通いたくなるお店を目指して お客さまの視点から最後のチェック

いよいよオープンの日が間近に迫ってきたときに気を引き締める意味でも最後の点検を行おう。「毎日通いたくなる」がキーワードだ。

お客さまになったつもりで お店を客観的に見直そう

準備はほとんど終わり、オープンの日が間近に迫ってくると、喜びがわいてきて、浮き足立った気持ちになるかもしれません。でも本番はここから。気を引き締めて、改めてお店を点検しましょう。

まずはファサード。道路側から見たとき、自分のお店はどんな風に見えるでしょうか。通りかかった人の目に止まるような店構えになっているか。看板メニューをわかりやすくアピールできているかなど、客観的に確認しましょう。建物だけでなく、看板、電飾、ディスプレイ、通りにおける存在感など、すべてを含めたお店の「顔」を「お客さまの目」で確認してみてください。

置き看板は、お店の存在をアピールする重要なアイテムです。カレーに対するこだわりを書く、看板メニューの写真やイラストを飾る、セットメニューをアピールする、電飾看板にして目立たせるなど、アイデアを練りましょう。お店の個性やコンセプト、他店にはない特徴などをうまく表現できれば、置いておくだけで優秀な営業マンになってくれるはずです。

店内チェックも お客さまの視点から

次は店内のチェック。入り口から客席、客席からトイレへと移動して、お客さまの動線を自分でたどり、通りづらい箇所はないかなど、店内のレイアウトを確認し直してみてください。「お客さまの目」で見直してみると、思わぬアラが見えてくるものです。すべての客席に座ってみて、そこから何が見えるかも確認する必要があるでしょう。

メニュー表は見やすい場所に貼っているか、客席の間隔は狭すぎないか、備品を積んだ棚が隠れているかなど、さまざまな点を確認して、気になる箇所があれば修正しましょう。

もし自分がお客さまの立場だったら、そのお店で気持ちよく食事できるのか、毎日でも通いたいと思うのか、人に勧めたいと思うのか、そんな第三者的な意識を持って、お店の隅々まで観察してみてください。

●ファサード
フランス語で建物の正面のこと。道路側から見たときの建物の外観を指す。建物だけでなく、看板や植え込み、電飾や飾りの人形などをすべて含めた、お店の「顔」。お客さまに入店してもらうきっかけとなる、とても重要な部分だ。

通行人にアピールする人気店の工夫

お店の前を通る人は、潜在的なお客さま。
より多くの人の目に留まり、お店のドアを開けてもらえるかは
ファサード周りの工夫次第。人気店の例を見てみよう。

コンセプトをはっきりと打ち出した看板でアピール

●「Camp」(36ページ)

「野菜を食べるカレー」というコンセプトを大書きした看板を道路に出し、お客さまがお店のほうに顔を向けると野菜の詰まった木箱がずらりと並ぶのが目に入る仕組み。目立ちにくい半地下の店舗に、行列をつくるテクニックだ。

コロニアル風の外観が上品な雰囲気のファサード

●「MILLAN」(66ページ)

友人のデザイナーが協力してくれた。ロゴや鉄製の飾りまで、すべてが統一された上品な雰囲気のファサードは、女性の誘引効果大だ。

洋書の1ページのような美しいメニュー表

●「rico curry」(72ページ)

実物大のカレーと価格のプレートが、スパイスや野菜、花に取り囲まれた写真を壁にかけたらオープンの合図。プロの写真家に撮りおろしてもらった、美しいメニュー表だ。

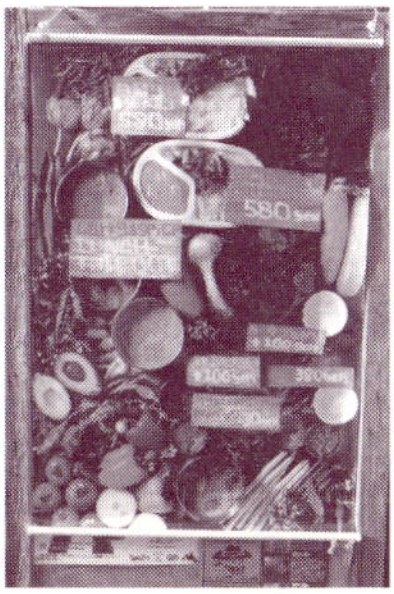

ドア外の踊り場も室内のようにデコレート

●「momo curry」(26ページ)

2階への階段を上がって踊り場に出た瞬間、すでに店内にいる気にさせてくれるデコレーション。ドライフラワーや白くペイントした木製の木枠など、カフェのような雰囲気に。

目立たない2階への階段を示す、シンプルな標識

●「たんどーる」(46ページ)

通りにも看板は置いてあるが、目立たない入口で迷わないようにと配慮したシンプルで目に留まりやすい看板を掲示。階段を上がるとオーナーの熱い心を示す「炎上中」の看板が出迎えてくれる。

宣伝・PR

お店のオープンを知ってもらえるよう宣伝活動をはじめよう

好きか嫌いかの問題以前に、お店の存在を知らない人に来店してもらうことは不可能だ。コストも多少必要になるが、宣伝活動の準備もしておこう。

オープン前からチラシや割引券を配って注目を集める

これから開店するお店にとって非常に大切なのは、できるだけ多くの人にお店の存在を知ってもらうことです。限られた予算から宣伝費用を捻出して効果的なPRをするためには、さまざまなアイデアを考えておく必要があります。

まず考えられるのは、新聞の折り込みチラシや地域のフリーペーパーへの広告掲載ですが、狙ったターゲットに確実にアピールできるとは限らないのが難点。広告料も必要なので、その媒体の読者層をあらかじめリサーチしてから、掲載するかどうかを判断するようにしましょう。

地味ながら確実な方法は、チラシや割引券を配布すること。近隣の人々の目を最も多く集めるのは、実は工事中の期間です。オープンする少し前からチラシや販促物を用意して、工事中の店頭やその周辺で配布すれば効果的なPRになるでしょう。

カレー店としてオープンすることや開店日時をアピールして、地元の住人や近隣の職場の人々の注目を集めておけば、オープン後のPR活動がかなり楽になるはずです。

ホームページやブログでお店の存在をアピール

インターネットでの情報発信もいまは必須といえるでしょう。多くのカレーファンがインターネットでお店を探してコミュニティも多く存在します。新しいお店を紹介するためにアンテナを張っている雑誌やテレビなどのメディアの人間も同様です。ホームページやブログ、ツイッターなどを使ってインターネットでも積極的にPR活動を行いましょう。

デザイナーに依頼して本格的なホームページをつくるとそれなりの費用がかかりますが、ブログやツイッターは無料または低予算で簡単に作成できます。

ホームページ作成が難しい場合は、ブログだけでも作成して情報発信をしていきましょう。ただし、こまめに更新しなければ、すぐに飽きられてしまいます。週に2～3回以上は更新するのが理想的です。

●ブログ

ホームページは専用のソフトを使えば、本格的な知識がなくても作成できるが、クオリティの高いページをつくることは難しい。

一方、ブログはテンプレートを利用して書き込めば、あっという間に作成可能。予算のない人やパソコンが苦手な人は、まずは無料のブログサービスを利用するのがいいだろう。

検索性を上げるため、カレー店であること、店名、駅名や住所などはプロフィール欄に記載すること。

費用対効果の高いPR方法を検討しよう

やみくもに広告を打ってもお店のターゲット層に届かなければ
効果は期待できない。どうしたら確実に、そして
費用をかけずにお客さまを集められるかを検討しよう。

販促ツールで再来店を促す

集めるのが楽しい切手シール

●「Camp」
（36ページ）

500円ごとに1つという、システムは通常のスタンプカードだが、ウエスタン調の切手シールは、集めるのが楽しくなる工夫。

アイドルタイムへの誘導をさまざまな方法で

●「momo curry」
（26ページ）

黒板メニューでアイドルタイムのカフェ利用を促す同店では、割引券を発行して週末に来てくれたお客さまの平日への誘導も行っている。

ツイッターを有効利用

キッチンでの仕込みをリアルタイムにツイート

●「rico curry」
（72ページ）

毎朝仕込みの際に材料の説明や調理過程を写真つきでツイート。その日のメニューをツイッターで見て来店するお客さまも多いそう。

ホームページやブログを使ったお店の紹介

シンプルなホームページとツイッターを連動

●「curry 草枕」（56ページ）
http://currykusa.com/

シンプルながら、メニューや店舗の場所、オーナーのカレーへのこだわりなどが過不足なく記されたホームページ。限定メニューなどの更新は、ツイッターを利用している。

タンドールへの熱い思いを炎のデザインで表現

●「たんどーる」（46ページ）
http://www014.upp.so-net.ne.jp/tandoor/

炎の燃え上がるFLASHアニメと「和魂印才」の筆文字が、店舗の特徴を一発で説明するホームページ。お店の紹介のほか、マスコミへの掲載情報も掲載している。

移動販売と店舗の日替わりメニューをブログで告知

●「MILLAN」（66ページ）
http://millan.jp/

基本情報の掲載されているホームページから、実店舗と移動販売、2つのブログにリンク。4台ある移動販売車それぞれの出店場所と日替わりメニューを毎日告知している。

リピーターの確保

何度も通ってくれるお客さまの存在がお店の将来を明るくする！

人気店はどうしたらリピーターが増えるのかを常に考えている。最良の方法は、そのお店にしかないものを提供することだ。

選ばれるお店の条件は「味」と「人」

飲食店のお客さまが、お店選びをする際の一番の要素は、とてもシンプルですが「味のよさ」です。はじめての来店時には味はわかりませんから、動機は「新しいから」「外観が好みだから」「近いから」といったものに限られるでしょうが、そのお客さまにリピートしていただくためには、まずはカレーの味で勝負する必要があるのです。

ひと口に「おいしさ」といっても単純ではありません。多くの人がそのとき一番「食べたい」と思うものが、すなわち一番おいしいものであり、おいしさは相対的なものだからです。

96ページでお店を新鮮に保つ工夫として紹介した季節メニューは、多くのお客さまに「一番おいしいものがある」と思ってもらう方法のひとつです。

たとえば寒い冬であれば、体が温まるショウガたっぷりで大きな肉の入ったカレーは人気が出そうですし、反対に猛暑の夏は、後味がさっぱりしたカレーやスープ仕立てのもののほうが好まれるでしょう。こういった観点からも、季節メニューを見直してもいいかもしれません。

接客の際には感謝の気持ちをもって

そして、たとえばランチをとる際に、お客さまが足を運ぶのは1日につき1店舗のみ。「カレーが食べたい」ときに来店していただくためには、2番では不足。あまたの同業者をおさえ、その日の「1番」に選ばれる必要があるのです。そう考えると、来店してくれたお客さまに感謝の気持ちが起きるでしょう。

そういった気持ちもリピーターの確保のために必要です。なぜなら、お店選びの2番目の要素は「店員の対応のよさ」だからです。

接客の心得として、きちんとした言葉遣いをするのは当然ですが、そこに感謝の気持ちがこもっていれば、お客さまにもそれが伝わり、自然と「また来よう」と思っていただけるのです。

さまざまな方法でリピーターを獲得!

お店の看板メニューをつくり続ける努力も大事だが、
つい通いたくなるようなサービスや工夫など、
はじめてのお客さまをリピーターにするための方法を考えよう。

独創的なメニュー

他にはない個性的で魅力的なカレーをつくることが、最良のリピーター獲得法。実現するためのハードルは高く険しいが、効果は絶大。常に新しい味を求め続ける探究心が必要。

豊富なメニュー

お客さまの好みは人それぞれ。こだわりは残しつつも、メニューには可能な範囲でバラエティーをもたせたい。サモサといった一品料理やデザートもお店へのニーズを広げてくれる。

日替わり・期間限定メニュー

日替わりメニューや期間限定の特別な商品を提供して、お客さまが再訪する動機を増やす。普段は食べられないプレミアムなメニューは、お客さまの好奇心を刺激するはず。

居心地の良い空間

お客さまは「味」だけを求めているわけではない。居心地の良い空間づくりができれば、通いたくなる人も増えるだろう。インテリア、什器、BGMなど、細部にわたって気を配りたい。

気持ちの良い接客

お客さまは「味」と同時に「人」も見ている。味のレベルが同程度なら、ほとんどの人は接客の良いお店に通いたくなるはず。心のこもった接客はリピーターの獲得にも影響大。

割引券・サービス券

割引券や無料サービス券の配布は、やはりリピーター獲得の王道。一時的な収入減は覚悟しなければならないが、長い目で考えればプラスにはたらく可能性が高い。

イベント

料理教室や音楽ライブといったイベントを開催することも、お客さまが来店するきっかけに。イベントを通じてお客さまと親しい関係を築くことができ、PRとしての効果も大きい。

コラボ企画

異業種と協力してメニュー開発をしたり、Tシャツやグッズを作成するコラボ企画も効果的。お互いに宣伝し合うことで双方のプラスになり、新規のお客さまとの出会いも期待できる。

インターネットでの情報発信

ホームページやブログなどを利用して情報発信を行えば、新メニューの紹介など再来店を促すPRができる。お客さまに親近感を抱いてもらうことも、有効なリピーター獲得法だ。

「ここだけにしかない」ものをアピールして、口コミを狙おう

料理であれ内装であれ、自分のお店の特長を強く印象づけられれば、お客さまは繰り返し通ってくれるもの。そればかりか、友人や家族など、新しいお客さまを増やしてくれる口コミ効果も期待できる。

たとえば「野菜を食べるカレー」をキャッチフレーズとしている「Camp」（36ページ）は、お客さまの7割がリピーター。アウトドアの爽快感と健康、というテーマに合わせ、カトラリーまでキャンプ道具中心にコーディネイトした店内を、写真撮影する人も多い。

インド料理店以外では珍しいタンドール釜を客席から見えるようキッチンの中心に据えたお店「たんどーる」（46ページ）も、話題にしやすいお店。「和魂印才」をキャッチフレーズに、梅干やシソ、黒ゴマなど和の素材を使用したカレーを生み出している。

人に伝えやすく、話題にしやすいキャッチフレーズがあれば、口コミ効果は大きくなるのだ。

接客の基本

お客さまとのコミュニケーションを密にする、接客法をおぼえよう

入店時には明るい声であいさつを。お客さまに好印象を与えるためになれなれしくならない程度に親しみを込めた接客を心がけよう。

お客さまの目を見てしっかりとあいさつが基本

単に大きな声を張り上げて「いらっしゃいませ！」「ありがとうございます！」と叫ぶだけでは歓迎の意は伝わりません。基本はしっかりとお客さまの目を見てのあいさつ。その際には笑顔を忘れないようにしましょう。これだけで好印象を与えることができます。

はじめてのお客さまには、心から「この店を選んでくれてありがとう」という気持ちを込めるのはもちろんのこと、再来店の方には「毎度ありがとうございます」とひと言添えると、お客さまも「おぼえていてくれた」と、嬉しくなるものです。

また、きびきびとした動作も重要です。スタッフ間での私語は控え、席への案内からお水のサービス、オーダー受け、料理提供までの流れを、可能な範囲でスピーディーにこなしてください。そして、お皿が空いた場合にはなるべく早く下げ、お冷が切れないようにするなど、常にお客さまを気にかけていることを、うるさくならない程度にサービスでアピールしましょう。万一時間がかかってしまう場合には、お待たせする前におわびをする心遣いも必要です。

店内の清掃の徹底も接客の大事な一部です。トイレ掃除やテーブル拭きなど、常にクレンリネスを維持するように心掛けましょう。

ときには毅然とした態度が必要なことも

ただし、接客で大事なのは、お客さまの言いなりになることばかりではありません。

アルコール類を提供する場合、未成年に見えるお客さまには身分証の提示を求めたり、自動車を運転するお客さまにはお断りするなど、営業上守るべきことに関しては、毅然とした態度をとることも必要なのです。

近年はお客さまが求めるサービスが多様化しているため、マニュアルどおりの接客では対応できないケースが増えています。明らかな嫌がらせを受けた場合などは、自分で解決しようとせず警察に相談しましょう。

●酒類販売の注意点

アルコール類を提供する場合、現在の厳しい法制度を把握しておくことが重要。未成年の飲酒は販売した側も責任が問われ、飲酒運転の場合もドライバーに酒を提供した飲食店にも罰則が与えられる。張り紙などで注意を促したり、身分証で年齢確認をするなどチェックの強化を心掛けたい。

接客の基本とポイント

接客次第でお店に対するお客さまの印象は大きく変わる。
入店から退店までの流れを把握して、スタッフ全員が
基本的な接客マナーを身に付けておくようにしたい。

入店 ▼ **案内**

基本トーク①

「いらっしゃいませ!」
「毎度ありがとうございます」
「大変お待たせいたしました」
「こんにちは」
「何名様でしょうか?」
「こちらにお掛けになって、
少々お待ちください」
「お好きなお席にどうぞ」

Point

- 気持ちの良い笑顔で元気に挨拶
- 再来店のお客さまには、覚えていることを言葉でアピール
- 並んでいただく場合はひと声かける
- 喫煙、禁煙スペースの案内をする
- 速やかに席へ誘導

オーダー ▼ **料理提供**

基本トーク②

「こちらがメニューです」
「ご注文が決まりましたら、
お声をかけてください」
「お得なランチのセットメニューも
ご覧ください」
「10分ほどお時間をいただきますが、
よろしいでしょうか?」
「お待たせいたしました！」

Point

- 着席と同時にメニュー表や水を渡す
- メニュー表が壁に張ってあったり、テーブルに用意してある場合もひと声かける
- セットメニューを紹介する
- 時間のかかる商品はメニュー表に断り書きを入れ、注文があったときにも口頭で説明する

食事 ▼ **退店**

基本トーク③

「ごゆっくりどうぞ」

「ありがとうございました！」

「いつもありがとうございます」

「またお越しください」

Point

- 水やおしぼりはタイミングよく交換
- トイレはいつも清潔に備品を切らさない状態に保っておくことが大切
- 常連のお客さまには、何度も来ていただいていることに感謝の言葉を
- 会計は素早く対応し、再来店を促す声かけや割引券、クーポン券などを手渡す

お客さまの気持ちを尊重してクレームやトラブルに対処

お客さまのクレームやトラブルには、基本は「申し訳ありません」と素直に謝るのが一番。ただし、接客のトラブルの対応策を講じておくことが重要だ。注文の「言った」「言わない」を避けるためには、オーダーは必ず復唱し、きちんと書き留めること。お客さまに出す料理の順番も間違えないように注意しよう。

料理が前後したり遅くなりそうなときは「混み合っておりまして、ご迷惑をおかけします。もう少々お時間いただけますでしょうか」と事前に声をかけておけば、印象もずいぶん変わるはず。食後にお詫びの言葉を添えてデザートや割引券などをサービスすると、好印象を抱いてもらえることも。

大声で騒ぐお客さまがいても、頭ごなしに注意するのはNG。「お楽しみのところ申し訳ありません」と切り出し、「ほかのお客さまもいらっしゃいますので、少しだけ声を落としていただけないでしょうか」とお願いしてみよう。

開店から1か月の見直しポイント

お客さまや友人の意見を聞いてお店の微調整をしよう

オープンしてからの売上が順調だとしてもしなくても、1か月は全体を見直すいい節目。将来、大きな変更が必要になりそうかも予測しておこう。

意見を言ってくれる人はオーナーにとっての財産

オープンして1か月になると、早いお店であればすでに数人の常連客がいるでしょう。親しくなると、こういったお客さまや友人たちが、いろいろと改善すべき点などを教えてくれるようになります。

ときには頼まなくてもいろいろとおせっかいを焼いてくれる場合も。これを「うるさい」と思うのは間違いです。第三者からの率直な意見は、飲食店オーナーにとっては大きな財産。自分では気がつかなかった点を指摘してもらえるわけですから、まずはそのことを喜びましょう。

たとえば「お店の場所がわかりにくい」といわれたら、それは大多数の意見と捉えるべき。飲食店は、周知される前であればなおさら、知らない人にお店のドアを開けてもらう必要があります。その大事な部分を指摘してもらったのですから、素直に置き看板の位置や大きさを確認してみましょう。

多くのお客さまは、お店を正面から見たときの印象で、入るかどうかを決めます。入り口の雰囲気やディスプレイは大切なポイントなので、センスのある友人などの意見も取り入れ変更してみるのもいいかもしれません。プランターに花を植えたり、季節感のある小物を飾ったりして、お店の顔に変化をもたせると、お店全体に活気が生まれます。

あくまで微調整の時期 大胆な変更は慎重に

お客さまに二度目の来店を促す方法も再検討しましょう。味の良さはリピーターを増やす最低条件です。料理の味や盛り付けに再考の余地がないか、もう一度点検し、客席の配置や数も見直してみましょう。

臨機応変に対応することは大切ですが、コンセプトやメニューの変更は慎重に行わねばなりません。ポリシーがないと思われ、お店にとってマイナスだからです。特に個性の強いお店は、じわじわと人気が広がっていくこともあります。開店1か月後は周囲の反応を見ながら微調整を加える時期と考えるべきでしょう。

●人間関係を大切に

会社の人間関係が嫌になり、脱サラした経緯のオーナーも少なくないが、どんな職種でも人間関係はついてまわる。スタッフとの人間関係や、接客、仕入先との連携、近所付き合いなど、お店を長く続けるためには、想像以上にコミュニケーション能力が重要だ。

開店1か月後、お店のココをチェックしよう!

慣れというのは恐ろしいもので、掃除に手を抜いていたりすると
不思議と汚れていても気にならない場合がある。
こんなときにも第三者の視点が必要だ。

外まわり

□ **外観**
汚れていないか。ウィンドウ・ディスプレイに改善の余地はないか。

□ **看板**
汚れていないか。数、置き場所は適当か。目立つか。

□ **メニュー表**
デザインは良いか。メニューの並び順は適当か。

客席・レジ

□ **接客**
お客さまに声がけはできているか。トラブルの反省。

□ **コミュニケーション**
地域に溶け込む努力をしているか。仕入先やお客さまとネットワークづくりをしているか。

□ **客席**
客席のレイアウトに改善の余地はあるか。1人席、2人席の数は適当か。

□ **インテリア、内装**
お店の雰囲気に合っているか。お客さまの評判は良いか。

□ **チラシ・宣伝**
告知・宣伝は十分か。新たに行う必要はあるか。

メニュー関連

□ **メニュー**
味、盛り付けは良いか。品ぞろえ、ボリュームは適当か。

□ **メニュー構成**
来店動機につながらないメニューは削除。オリジナルメニュー、新メニューの開発。

□ **値段設定**
原価率のチェック。値段設定は適当か。

厨房

□ **在庫管理**
食材の仕入量は適当か。廃棄が多すぎないか。

□ **作業工程**
余分な工程はないか。厨房のレイアウトに改善の余地はあるか。

□ **清掃、ゴミ出し**
クレンリネスは徹底できているか。掃除のチェックポイントの見直し。

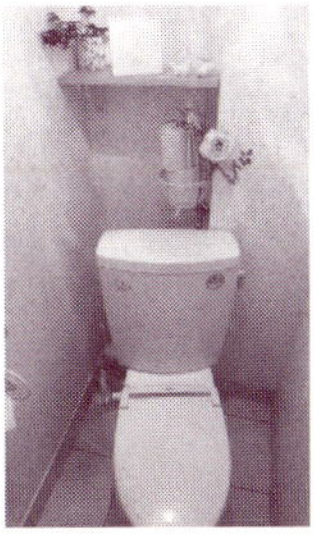

快適なトイレが福を呼び込む

トイレは忘れてはならないチェックポイントのひとつ。特に女性の目は厳しいので、掃除はもちろんのこと、ペーパーや手洗いソープの補充や、目隠しにまで気を配りたい。また、広いトイレは子ども連れに評判がいい。

オープンの3か月後を目安にメニューやサービスを見直そう

オープン直後は目新しさも手伝って繁盛していたお店でも、客足が落ち着く3か月後。改善できる点を検討しよう。

現状のメニューがベストなのかを改めて検討

オープンして3か月経つころには、1日の仕事の流れが定着してきます。家賃や人件費、仕入れ先への支払いなども何度か済ませ、月にどのくらいの利益が出るかも見えるようになるでしょう。

お客さまにとって「新しいお店」という付加価値がなくなるこの時期の売上は、その時点でのお店の実力といえます。この後改善をまったくしなければ、現状の売上が減ることはあっても大きく伸びることはないと覚悟しましょう。

立地とコンセプトは合っているか、宣伝はきちんとできているか、メニューは適正かなどを、改めて検討。あまりにも利益が少なければ、大きな見直しが必要となります。左ページのチェックポイントを利用して、改善策を練ってください。

まず着手すべきなのはメニューの見直し

そのなかで、最初に手をつけるべきなのは、メニュー内容の見直しです。看板メニューは一番売り上げているか、ライスの量は適正か、新たなトッピングの可能性など、現状のメニューがベストといえるのかどうか、検討し直してみてください。

また、このとき参考になるのが営業日報です。「○○はありますか?」といったお客さまからのリクエストや、食べ残しの有無を見て、そこから改善のヒントを得ましょう。

メニュー数が少ないお店は、新しい商品も検討したほうが良いかもしれません。逆にメニュー数が多い場合は、人気のない商品を削除して、主力商品にもっとコストをかけてクオリティを上げるという方法もあるでしょう。また、主力商品と想定していたものよりも売れている商品がある場合は、そちらをメインメニューとして売り出したほうが、お客さまが増えるかもしれません。

いずれにしても、お客さまの声に耳を傾けるのは大事なこと。特に想定しているターゲット層のお客さまの意見はよく聞いて、お店の改善に繋げていきましょう。

●オリジナリティのある商品開発

大手も含め、他店には絶対に負けない「大ヒット」を開発することもお店の大きな成功要因となる。

そのためには、味はもちろん、お客さまにとってわかりやすいオリジナリティを意識したい。手をかけたカレーソースであれば「○時間煮込んだカレー」といってもよいし、スパイスの数や種類をうたってもいいだろう。

大切なのはお客さまに「あのお店の、あのカレーを食べたい」と思わせること。オリジナリティが、他店との差別化につながるのだ。

開店3か月後のチェックポイント

どんなに万全の事業計画を立てていたとしても、
実際には思い通りにいかないことも多い。
小さな問題を早いうちに見極めて、解決しておこう。

おいしいカレーを出しているか

カレー店にとって何よりも重要なポイント。自分は最高の味だと思っていても、判断するのはあくまでもお客さま。意見や感想には素直に耳を傾け、改善点があれば検討しよう。

コンセプトが合っているか

お店のコンセプトが、その立地に適したものかどうかを再検討。実際は違ったという場合には、遠方からの集客方法やコンセプトの変更の両面から見直す必要があるだろう。

人気メニューは育っているか

想定していた主力商品は人気メニューとして育っているのか。実際の人気商品が別のメニューだった場合は、売り出しかたを再検討すべき。人気のない商品は削除することも必要。

食材はベストか

旬の野菜を取り入れるべきではないか、盛り付けや有機栽培などにこだわるべきなのか。もっと味を良くする素材を手に入れる方法や、新たな仕入れ先の開拓も常に念頭に置いておきたい。

メニューの数は適正か

万人に向けてメニュー数を多くしたお店も、逆にメニューを絞ってこだわりの商品だけで勝負しているお店も、売上が伸びない場合は、現状のままで良いのか再検討しよう。

人材は育っているか

人を雇っている場合、スタッフ間の人間関係が良好かどうかは常に気にかけておきたい。定着率が悪いようなら、その原因を探り、シフトの変更や教育方法を見直す必要がある。

女性客は増えているか

マーケットを動かすのは女性。人気店には多くの女性客が訪れている。女性に支持されるメニューや、ひとりでも入れる居心地の良さや雰囲気づくりなども検討しよう。

店内のレイアウトに問題はないか

実際に営業をはじめると、店内のレイアウトに思わぬ不具合が見つかることがある。客席はお客さまが快適に食事できるように、厨房は作業効率が上がるように、常に見直しが必要。

機器の点検・メンテナンス

厨房機器や空調機器などの故障は、お店全体のオペレーションに多大な影響を及ぼす。混雑時に故障して慌てることがないように、日頃からの点検とメンテナンスを心掛けよう。

相談できる人はいるか

家族や友人、仕入れ先の人など相談できる相手はいるか。店の問題点について遠慮なく意見を言い合える人を集めて議論すると、問題点や改善点が発見できる。

お客さまの声を経営に取り入れる

不振店を再生させるときに、最も障害となるのは「自分のプライド」だ。「いまは客足が鈍くても、いつか自分の味がわかってもらえるはず！」といった信念を持ち続けることは大切だが、お店が潰れてしまっては元も子もない。

目指すべきは、あくまでもお客さまに評価されるお店だろう。たとえば「ｒｉｃｏ ｃｕｒｒｙ」（72ページ）は開店当初、辛くて本格的なエスニックカレーを提供していたが、売れ行きがよくないことから試行錯誤を繰り返し、現在は「あまり辛くない、素材のうまみを生かしたカレー」に変えて行列店となっている。

開店当初のコンセプトやメニューにこだわることも大事だが、結果が出ない場合は変更せざるを得ないことも覚悟しておこう。見栄やプライドは、売上を伸ばしていくための障害になる場合も。繁盛店のなかには、余計なプライドを捨てる勇気をもったお店もあるのだ。

お店を長続きさせるために

お客さまから長く愛される人気のカレー店を目指そう

オープン後、半年~1年は経営的に苦しいこともある。焦ってすぐに結果を求めず長期的な展望に立って息の長いお店をつくろう。

「いつまでは続ける」という期間を、あらかじめ決める

赤字が続き、運転資金としてプールしておいたお金が目減りしてくると「もう閉めたほうがいいかもしれない」と、弱気になることもあるでしょう。でも、お店はやめてしまったらそこで終わりです。少なくとも1年は続ける、といった目標をあらかじめ立てておき、そこまでは前向きな試行錯誤を続けましょう。

臨機応変に変化・対応できることが、個人店の強みです。大手チェーン店ではできないようなサービス、イベント催行、特定のターゲット層に絞った商品の開発、実験的で斬新なメニュー、どこよりも接客を大切にするなど、できることはまだ限りなくあるはずです。

逆に、出足が好調な場合も油断はできません。業績が良いうちに次の成長ステップへの布石を打つことも必要ですが、店舗の拡大などは慎重に検討すべき。ひとつの業態のライフサイクル（賞味期限）は、3~5年といわれています。そして、カレーのトレンドも次々に変化します。

また、店舗経営には不測の事態がつきもの。経営が安定してきても、利益の一部は必ず蓄えましょう。

常に前向きで健康的な心理状態を保つ

飲食店は人との付き合い方も重要です。一人ひとりのお客さまを大切にすることはもちろん、スタッフ、仕入れ先との人間関係は、経営に大きく影響します。人との出会いを大切にしていきましょう。

そのためにも、心身の健康状態を保つことは重要です。お客さまであれ仕入先の業者であれ、あなたから明るく声をかけることができれば、自然と相手の反応も明るいものになります。結果、お店全体の雰囲気も明るくなるという相乗効果が得られるのです。

そして、カレー店を長く続けていくために最も大事なことは、やはり「この仕事が好き」という気持ちです。カレーが好き、接客業が好き——心からそう思えれば、息の長いお店を育てていけるはずです。

●個人店ならではのチャレンジ

大手チェーン店にはできないチャレンジも個人店なら可能。前例のない食材を使用したカレーの開発、季節限定で贅沢にコストをかけたメニュー、常連さんを集めての試食会など、フットワークの軽さを生かしていこう。

前向きな改善を続けるヒント

長く続いている人気店に共通しているのは、少しずつでも
常に改善を続けていること。完璧な状態はないことを覚えておき、
フレッシュな気持ちを保ってお店を育てていこう。

❶ メニューの研究を続けよう

現状に満足せず、おいしいカレーを追求することが息の長いお店に育てる一番の秘訣。味への絶対的な自信は、日々の不安を乗り越える力に。おいしいカレーをつくり続けていれば、評価は後からついてくるはず。

❷ たまにはお店の外へ出よう

個人経営者は、毎日の仕事に忙殺されて世の中の流れに鈍感になりがち。競合店の動向や世の中のトレンドも把握しよう。異業種との交流や、カレー以外の人気飲食店に出かけることもヒントに。

❸ 資金の余裕は心の余裕

開業後、思ったように利益が上がらなければ、事前に用意した運転資金はどんどん目減りしていく。切羽詰まって自転車操業になってしまわないように、開業後の資金調達の方法もあらかじめ検討しておくこと。

❹ お店のための貯金をしよう

経営が安定してきたら、利益の一部は必ず残そう。厨房機器や空調はいつか必ず寿命がくる。メニューや店舗の改築にも資金は必要。常にメンテナンスや次のステップに備えておくことが大切だ。

❺ 仕事上での人間関係を大切に

自営業にとって人間関係は命綱。スタッフと良好な関係を築けなければ、オペレーションに影響も。良い食材を入手するためにも、仕入先とは親密な関係を築きたい。何でも相談できる相手がいることも大切だ。

❻ お客さまの声を大事にしよう

開業前の予想は、あてにならないことが多い。重要なのは、お客さまの声に耳を傾けて積極的に取り入れること。お客さまにお店を育ててもらう——そんな意識が、長く愛されるお店づくりにつながる。

❼ リピーターの獲得と確保が第一

集客や回転数にこだわり過ぎると、お客さまの信頼を失うことも。目先の利益や収入だけにとらわれず、一人ひとりのお客さまを大切にすることがリピーター獲得への一番の近道。

❽ こだわりと譲れる部分を明確に

すべてが理想通りになる店舗経営はあり得ない。徹底してこだわる部分と妥協する部分、柔軟さと頑固さなど、経営者はバランス感覚が大切。何が本当に重要で、何がそうでないのか見極めるようにしよう。

❾ お店をはじめた初心に立ち返る

お店の経営は好不調の波があり、苦しい時期が続くこともある。だからこそ「カレー店を開きたい」という気持ちが大事。初心を失わず、カレーづくりや店舗経営を楽しめるようにお店を育てていこう。

著者紹介　バウンド

経済モノ、ビジネス関連、生活実用書などを得意とする、コンテンツ制作会社。企画立案から書店先まで、書籍の総合プロデュースを手がける。主な作品に『お店やろうよ！ シリーズ①～⑳』『成功する「税理士オフィス」開業＆運営バイブル』（以上、技術評論社）『上司力トレーニング』（ダイヤモンド社）『30代からの自分発見ノート』（河出書房新社）ほか。

編集	山西三穂子（バウンド）／ 秋山絵美（技術評論社）
装丁・本文デザイン	野村道子（ビーニーズ）
撮影	萩原美寛／坂田隆
本文イラスト	佐藤隆志／Hama-House／オグロエリ
編集・執筆協力	奥津圭介／松野友克
DTP	椛澤重実（D-Rise）

お店やろうよ！⑳
はじめての「カレー屋《や》さん」
オープンBOOK《ブック》

2011年4月25日　初版　第1刷発行

著者　　バウンド
発行者　片岡　巌
発行所　株式会社技術評論社
　　　　東京都新宿区市谷左内町 21-13
電話　　03-3513-6150　販売促進部
　　　　03-3267-2272　書籍編集部

印刷／製本　日経印刷株式会社

ISBN978-4-7741-4570-9 C2034
Printed in Japan

本書へのご意見・ご感想は、ハガキまたは封書にて、以下の住所でお受け付けしております。電話でのお問い合わせにはお答えしかねますので、あらかじめご了承ください。

問い合わせ先

〒162-0846
東京都新宿区市谷左内町 21-13
株式会社 技術評論社　書籍編集部
『はじめての「カレー屋さん」オープンBOOK』感想係